TRADE FACILITATION,
EXPORT FIXED INPUT COSTS AND
TRADE EXTENSIVE MARGIN

贸易便利化、出口固定投入成本与贸易扩展边际

张 凤◎著

图书在版编目（CIP）数据

贸易便利化、出口固定投入成本与贸易扩展边际/张凤著. —北京：经济管理出版社，2019.10

ISBN 978-7-5096-6749-1

Ⅰ.①贸… Ⅱ.①张… Ⅲ.①出口—成本管理—影响—制造工业—出口贸易—研究—中国 Ⅳ.①F426.4

中国版本图书馆 CIP 数据核字（2019）第 143335 号

组稿编辑：胡　茜
责任编辑：任爱清
责任印制：黄章平
责任校对：王纪慧

出版发行：经济管理出版社
　　　　（北京市海淀区北蜂窝 8 号中雅大厦 A 座 11 层　100038）
网　　址：www.E-mp.com.cn
电　　话：（010）51915602
印　　刷：三河市延风印装有限公司
经　　销：新华书店
开　　本：720mm×1000mm/16
印　　张：10.5
字　　数：183 千字
版　　次：2019 年 10 月第 1 版　2019 年 10 月第 1 次印刷
书　　号：ISBN 978-7-5096-6749-1
定　　价：59.00 元

·版权所有　翻印必究·

凡购本社图书，如有印装错误，由本社读者服务部负责调换。
联系地址：北京阜外月坛北小街 2 号
电话：（010）68022974　　邮编：100836

前言

经过几十年持续的关税减让谈判,世界整体的关税水平已大幅下降,贸易自由化已经达到了较高的水平,其进一步发展取决于各国经济开放程度的加深和多边谈判的进展,而来自于技术障碍的出口固定投入成本和监管保护措施成为主要的剩余障碍。近年来,APEC、WTO等国际经济组织以及各国政府在贸易自由化合作进展迟滞的背景下,越来越强调通过贸易便利化降低贸易成本来获得贸易新的增长点,相关方面的研究也越来越受到学者的关注。大量实证研究证明,贸易便利化在降低贸易成本、促进贸易增长方面起到了重要作用。贸易成本如何影响贸易的问题对理解世界贸易结构以及经济发展非常重要。异质性企业贸易理论认为,贸易成本降低会对企业的出口行为产生影响,进而使整个贸易和社会福利发生变化,而在以往实证研究中经常使用的引力模型,在引入企业异质性后会发生改变,贸易成本对贸易的影响因不同产业结构参数的不同而显著不同。替代弹性和异质性参数是反映市场结构的关键参数,其存在改变了以往对引力模型的解释——贸易成本下降对贸易的影响是通过集约边际和扩展边际两个渠道发挥作用的。

改革开放40多年来,中国同世界的联系日益紧密,出口迅猛增长,出口在整个国民生产总值中的比重也不断攀升。但是在中国出口爆炸式增长的背后,我们也不能对中国自身抵御外界经济冲击方面表现的脆弱性视而不见。有关异质性企业的实证研究发现,扩展边际在一国抵御经济波动冲击、促进贸易稳定增长中扮演着重要角色,尤其对发展中国家,其贸易促进的作用更加明显。而异质性企业贸易理论认为，特定市场的出口固定投入成本不仅影响企业进入或退出出口市场，而且也影响多产品出口企业的出口产品种类，这些都表现为在扩展边际上的变化。

本书旨在贸易便利化视角下分析出口固定投入成本对中国制造业产业层面贸易扩展边际的影响。具体而言，首先，分析了中国贸易便利化发展的基本情况，并采用问卷调查、比较分析等方法深度剖析了中国贸易便利化发展所具备的条件和所面临的困难；其次，基于 Melitz（2003）异质性企业贸易模型对贸易便利化影响贸易的机制进行了深入分析，进而借鉴 Kancs（2007）以及 Chaney（2008）异质性企业贸易理论，构建了出口固定投入成本对扩展边际影响的理论框架，并推导出口固定投入成本的总出口弹性和扩展边际弹性，用以比较总出口和扩展边际受出口固定投入成本的不同影响；最后，根据上述理论模型的推导，获得进行计量分析的结构引力模型，并运用产业层面的数据对结构引力模型的结构参数（替代弹性和异质性参数）进行估计，进而模拟和计算出口固定投入成本对不同产业总出口和扩展边际的影响。以上研究的主要结论是：

第一，虽然中国推进贸易便利化进程相关的政策法规建设起步较晚，但发展很快；硬件基础设施比较先进，然而境内并未完全采用国际通用的数据和通信技术标准，技术条件有待进一步改善；推进贸易便利化的政府驱动相对不足，缺乏统一推进贸易便利化措施实施的强而有力的领导机构；各利益主体对与贸易便利化有关的机构改革缺乏动力，或部门之间难以协调政府支持贸易便利化方面的国际合作，国际合作的深度有待进一步增加。

第二，对于大部分产业（29 个产业中的 22 个产业）来说，结构引力模型系数估计结果符合理论模型的预期。其中，有 15 个产业，出口固定投入成本对双边出口流产生显著的负向影响。受出口固定投入成本影响最大的是 2222 与印刷有关的服务业，最小的是 2720 基本贵重有色金属的制造业。有 12 个产业多边阻力对双边出口流产生显著的正向影响，而受多边阻力影响最大的是 1541 烘烤食品的制造业，影响最小的是 2101 纸浆、纸及纸板的制造业。

第三，对估计系数显著的 10 个产业的替代弹性和异质性参数进行计算，结果发现这 10 个产业结构参数的大小都同理论预期一致，即 σ 值严格大于 1，并且 γ 大于 $\sigma-1$。其中，替代弹性的范围大体在 2.5~9.76，平均值是 6.13，最大值产业是1554软饮料的制造和矿泉水生产业（9.76），最小值产业是2101纸浆、纸及纸板的制造业（2.51）。可见，不同产业商品的替代弹性有很大差别，这说明贸易成本对不同产业出口的影响程度会有很大差异，而异质性参数的范围大体在3.60~28.2，平均值是11.88，最大的是1554软饮料的制造和矿泉水生产业（28.17）；最小的是2101纸浆、纸及纸板的制造业（3.60）。可见，不同产业的集中度有很大差异，而这意味着贸易成本对不同产业的影响除了受替代弹性的影响之外，还会受到异质性参数的影响。

第四，根据理论模型可知，出口固定投入成本的总出口弹性和扩展边际弹性是由替代弹性和异质性参数共同决定，替代弹性越小，异质性参数越大，则出口固定投入成本对扩展边际和总出口的影响越大。根据所测算的结构参数值来计算10个产业的出口固定投入成本扩展边际弹性和总出口弹性，结果发现：出口固定投入成本的扩展边际弹性要高于出口固定投入成本的总出口弹性，原因是总出口还要受集约边际的影响；有关出口固定投入成本的扩展边际弹性（总出口弹性）最大的是2222与印刷有关的服务业，其扩展边际弹性达到了3.4（总出口弹性为2.4），最小的是2692耐火陶瓷制品的制造业，其有关出口固定投入成本的扩展边际弹性仅为1.262（总出口弹性则为0.262），前者出口固定投入成本的扩展边际弹性几乎为后者的3倍（总出口弹性则将近10倍）。这说明出口固定投入成本下降对不同产业的出口会产生非常大的差异，且替代弹性越低，产业集中度越低的产业，在出口固定投入成本下降时对扩展边际及总出口的影响越大，反之亦然。

第五，出口固定投入成本下降10%对扩展边际产生促进作用，使扩展边际增加的范围为14.22%~43.08%。获利最大的是2222与印刷有关的服务业（43.08%），最小的是2692耐火陶瓷制品的制造业（14.22%）。这10个产业扩展边际增加的平均值是28.89%。而出口固定投入成本下降10%，对总出口同样产生正向影响，且范围在2.8%~28.8%。其中获利最大的是2222与印刷有关的服务业（28.8%），获利最小的是2692耐火陶瓷制品的制造业（2.8%）。这10个产业的平均获利是16%。这说明出口固定投入成本对扩展边际的影响要比对总出口的影响更大。另外，出口固定投入成本下降对不同产业产生的影响不同，且同总扩展边际和总出口比较，产业层面的扩展边际和总出口对出口固定投入成本的变化更敏感。这说明，贸易政策会对不同产业产生不同影响，进而影响市场结构。

本书的创新之处主要体现在以下三个方面：

第一，基于 Melitz（2003）异质性企业贸易模型对贸易便利化影响贸易的机制进行深入分析，从理论上廓清贸易便利化对贸易影响路径或渠道。

第二，通过借鉴 Kancs（2007）的企业异质性贸易模型，并结合 Chaney（2008）对出口固定投入成本的总出口流和扩展边际弹性的分析，在理论上厘清出口固定投入成本对总贸易量及扩展边际的影响机制。

第三，使用产业层面的数据对 29 个制造业产业进行面板分析，并且对 10 个不同产业的出口替代弹性和异质性参数进行估计。在此基础上分析出口固定投入成本的总贸易流弹性和扩展边际弹性，模拟出口固定投入成本下降 10% 对总出口和扩展边际影响的程度。以此对产业层面出口固定投入成本对贸易的影响有更深入的洞察，从而为中国优化贸易增长的路径提供丰富的政策含义。

目 录

第一章 导 论 / 1

第一节 问题的提出 / 1
  一、研究背景 / 1
  二、研究的目的和意义 / 5
第二节 研究思路 / 6
第三节 研究方法 / 7
第四节 基本概念界定 / 8
  一、出口固定投入成本 / 8
  二、贸易扩展边际 / 8
  三、贸易便利化 / 9
第五节 主要创新点 / 9

第二章 文献综述 / 11

第一节 国外文献综述 / 11
  一、贸易便利化对贸易影响的研究 / 11
  二、出口固定投入成本对贸易扩展边际影响研究 / 14
第二节 国内文献综述 / 24
  一、贸易便利化对贸易影响的研究 / 24
  二、出口固定投入成本对企业进出口市场状态影响的研究 / 26

三、关于中国出口增长结构分解的研究 / 27

四、出口结构各部分影响因素的研究 / 29

五、关于出口固定投入成本与企业出口动态问题的研究 / 31

六、基于影响出口固定投入成本微观角度的研究 / 32

第三节 文献评述 / 33

一、使用更细分的数据研究差异程度不同的产品扩展边际的动态变化 / 34

二、对出口固定投入成本同多产品企业出口之间相互作用的内在机理进行深入研究 / 35

三、对影响出口固定投入成本的微观基础进行深入研究 / 35

四、重视贸易便利化政策并深入研究其微观影响机制 / 36

第三章 中国的贸易便利化发展 / 38

第一节 贸易便利化的提出 / 39

一、WTO与贸易便利化 / 39

二、APEC与贸易便利化 / 39

第二节 中国贸易便利化发展概述 / 40

一、法律环境 / 40

二、软硬件环境 / 41

三、实施环境 / 44

第三节 中国与世界其他经济体贸易便利化发展比较 / 47

一、基于贸易便利化发展总体水平的比较 / 48

二、基于贸易便利化发展不同纬度指标的比较 / 53

第四节 中国推进贸易便利化国际合作 / 60

一、韩国—中国台湾e-CO"探路者"项目经验介绍 / 62

二、中国参与e-CO跨境传输的必要性 / 67

三、中国参与e-CO跨境传输的准备情况 / 68

四、关于促进中国 e-CO 跨境传输的建议 / 72

第五节 本章小结 / 73

第四章 贸易便利化视角下出口固定投入成本对扩展边际影响的理论分析 / 75

第一节 贸易便利化对贸易影响的机制分析 / 75
　　一、模型基础 / 75
　　二、贸易便利化影响的理论分析 / 80
第二节 出口固定投入成本对贸易扩展边际影响的理论分析 / 85
　　一、扩展边际理论推导及界定 / 85
　　二、出口固定投入成本对扩展边际的影响 / 89
第三节 本章小结 / 91

第五章 出口固定投入成本对扩展边际影响的实证分析 / 92

第一节 结构参数估计问题的提出 / 93
第二节 结构参数估计 / 95
　　一、计量模型的设定 / 95
　　二、变量测度及数据说明 / 97
　　三、产业水平结构参数的估计 / 102
第三节 出口固定投入成本对扩展边际的影响分析 / 106
　　一、出口固定投入成本的扩展边际弹性和总出口弹性 / 106
　　二、出口固定投入成本下降10%对扩展边际和总出口的影响 / 109
第四节 本章小结 / 110

第六章 结论、政策启示及研究展望 / 111

第一节 结论 / 111
第二节 政策启示 / 113

一、政府主导且各方积极参与推动中国的贸易便利化
　　　　进程　／114
　　二、强调降低出口固定投入成本的贸易便利化政策并结
　　　　合产业政策　／115
　　第三节　研究展望　／116

附　录　／118

参考文献　／142

后　记　／155

第一章 导 论

第一节 问题的提出

一、研究背景

贸易便利化是在贸易自由化后国际贸易领域提出的另一个全新议题。随着世界多边、双边和单边贸易自由化的努力,传统的贸易壁垒,例如,关税数量限制性保护措施不断减少,促进贸易自由发展的传统政策措施的有效性正慢慢消减,而海关规定的繁杂手续产生的无谓损失和费用、贸易信息交换技术的发展及不断加快的经济一体化进程使通过贸易便利化措施获得潜在贸易利益的需求被越来越关注(Wille et al., 2006)。例如,APEC(1997)比较了亚太地区通过贸易便利化所获得的潜在收益和通过关税自由化所获得的潜在收益,结果显示通过前者所获得的收益是通过后者所获得收益的几乎两倍,而 Shepherd 和 Wilson(2009)对东南亚的研究也得到了类似的结论。

如果贸易便利化能够促进贸易增长,且成为国际社会追求贸易增长的一个新方向,那么贸易便利化是通过何种渠道对贸易产生影响的呢?Grainger(2007b)认为,贸易便利化主要是通过影响贸易成本的渠道来对贸易产生影响,而大量的实证研究也证明了贸易便利化在降低贸易成本方面的重要作用。例如,Oh 等(2009)认为,韩国的电子通关系统相比较以往的通关流程节省了30%的成本。

一旦电子贸易被采用的话，公司就可以减少成本，并显著地增加出口效率；而根据 2001 年 12 月在日内瓦召开的联合国贸易便利化和电子商务会议（UN/CEFACT）测算，预计贸易便利化可节省成本约 4900 亿美元。

既然贸易便利化能够影响贸易成本进而对贸易产生影响，那贸易成本对贸易影响的机制如何？对贸易影响的程度是由什么所决定的呢？Crozet 和 Koenig（2010）认为，贸易成本如何影响贸易的问题对理解世界贸易结构以及经济发展非常重要。以 Melitz（2003）为代表的异质性企业贸易理论证明了贸易自由化通过降低贸易成本来对企业的出口行为，进而对整个贸易和社会福利产生影响。但其并没有推出贸易成本降低对贸易影响的程度以及这个影响程度的决定因素。施炳展（2008）认为，贸易成本影响贸易量受到商品替代弹性的影响。极小的贸易成本会通过极高的替代弹性放大为较大的国内外贸易量差异。Melitz 和 Ottaviano（2008）则进一步证明了贸易成本对贸易影响的弹性不仅能够被货物之间的替代弹性所解释，而且更重要的是能够被企业异质性的程度——异质性参数所解释。替代弹性和异质性参数是反映市场结构的关键参数，其存在改变了以往对引力模型的解释——贸易成本下降对贸易的影响是通过集约边际和扩展边际两个渠道发挥作用，其中对集约边际的影响同同质性企业贸易模型一致，即由替代弹性和距离所产生的贸易成本弹性决定，而对扩展边际的影响不仅依赖于这两个参数，还依赖于不同企业的生产率的分布，而这反映了企业的异质性参数的不同（Crozet 和 Koenig，2010）。另外，Redding 和 Schott（2004）认为，贸易自由化对企业出口的影响因企业所属产业而不同。周俊子（2011）也认为，不同产业因产业特征的差异，尤其是产业内产品的差异性程度会使贸易成本下降对出口结构的影响不同。

结构参数的差异会如何影响出口结构的不同部分？影响的机制如何？Chaney（2008）基于一个异质性企业贸易模型的分析对此进行了解释。他认为，尽管较高的替代弹性使集约边际对贸易成本的改变更加敏感，但却使扩展边际较不敏感。原因是替代弹性越高，低生产率企业的劣势越明显，因此，当贸易成本降低时，新进入者占据市场份额较少，对总贸易流的影响主要体现在集约边际上，而异质性参数的大小反映了产业中企业的集中度不同或垄断竞争程度不同。异质性参数越高，产业的集中度或垄断程度越低，高生产率的企业所占比例越小，而截点生产率水平会随着占大多数的中小企业生产率变化而变化。因此，当出口固定投入成本下降时，会有更多的企业进入或退出出口市场，也即扩展边际的敏感性会更大。

对中国而言，改革开放 40 多年来，中国同世界的联系日益紧密，出口迅猛增长，出口在整个国民生产总值中的比重也不断攀升。20 世纪 90 年代，中国每年的出口增长率均值达到了 13.5%，1994 年更是达到了 28.8% 的年增长率。进入 21 世纪，中国的出口增长继续保持猛增势头，尽管受 2001 年美国"9·11"恐怖袭击（出口年增长率下降为 10.1%）和肇始于 2007 年美国"次贷"危机（导致 2008 年出口年增长率首次负增长，年增长率为 -10.3%）的影响，虽然中国的出口增长有所下滑，但出口仍然保持了年均 18.9% 的增长率。出口在整个国民总值中的比重也一直保持了持续的增长，由 1990 年的 16.1% 增加到 2011 年的 31.4%（见图 1-1）。

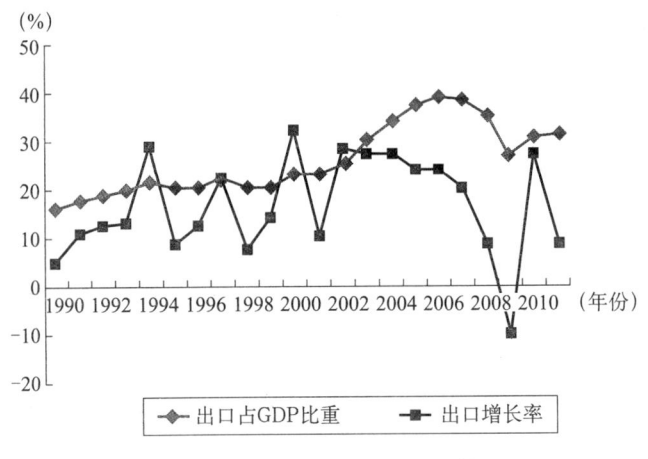

图 1-1 中国的出口增长趋势

资料来源：作者根据世界银行 World Development Indicator 计算而得。

中国出口的爆炸式增长引发了学者们对中国出口增长原因的分析（林毅夫等，1994；朱希伟等，2005；Schoot，2006；姚洋等，2007；陈勇兵和孙方，2011）。总结这些对中国出口增长的解读发现其归纳的原因大都集中在下面四个方面：一是比较优势；二是产品品质的提升；三是国际生产分割；四是国内市场分割带来的扭曲。从以往的研究来看，大多数研究主要从宏观角度对中国出口增长的原因进行解读，而从微观层面的产业和企业进行研究的却非常少。

了解了中国出口增长的原因，下一个值得思考的问题就是，中国出口增长的渠道和机制如何？异质性企业贸易理论认为，针对微观层面企业出口增长的研究结论更具解释力和政策含义。最近几年，国内学者也越来越关注对中国出口增长的结构分解。在这些研究中，部分学者将出口增长分解为扩展边际和集约边际（钱学峰，2008；宗毅君，2012；陈勇兵等，2012），并认为，虽然目前中国出口扩张主要来自集约边际，但贸易成本下降等主要通过扩展边际发挥作用，要提升中国的出口竞争优势应尽快将出口从依赖集约边际转向扩展边际。还有学者进一步将价格增长从贸易增长中分离出来，并认为中国出口增长中价格增长几乎不发挥作用，因此认为，要实现中国出口的可持续增长应尽快从"以量取胜"转变到"以质取胜"的模式（施炳展，2010）。也有学者将出口增长中的扩展边际进一步分解为地理扩展边际（地理广化）和产品扩展边际（产品广化），通过深入比较地理扩展边际和产品扩展边际，发现目前中国出口中地理扩展边际（地理广化）占据了扩展边际（出口广化）的绝大部分，但是产品扩展边际（产品广化）单位种类的创造出口能力更加强劲，因此，从长远来看，更应关注产品扩展边际的增长（黄先海、周俊子，2011）。从上述研究来看，尽管大部分研究都是从产品角度对出口增长进行分解，但因使用产品数据的细分水平不同，以及对集约边际和扩展边际的定义不同，有关两者相对重要性的结论并不具有可比性。因此，有的学者在政策含义上认为，应提供更多的优惠政策促进扩展边际的发展（徐颖君，2006；钱学峰和熊平，2010）；但有的学者的研究却认为，也不能一味地追求扩展边际的扩张，或追求市场的多元化（钱学锋和余弋，2012；强永昌和龚向明，2011；邹宗森等，2019）。

认识清楚中国出口增长的机制和渠道，很自然就涉及另一个问题，即影响中国出口增长各种渠道的因素有哪些？影响机制如何？赵永亮和Ayan（2010）认为，在多样性增长的影响变量方面，贸易显性或隐性壁垒是主要的限制因素，在外资进入和市场化改革拉动下，中小企业的贡献更显著。赵永亮和朱英杰（2011）也确认了显性或隐性壁垒对多样性扩张的阻碍，此外，还认为TFP指数、科研投入、产业结构差异化、中小企业规模都是促进多样性的贡献因素。

综上所述，已有研究对我们从贸易便利化视角下理解贸易成本对贸易的影响提供了很好的启发，但也存在一些不足。首先，国内有关贸易便利化对贸易影响的研究，大都集中在使用传统引力模型研究对中国总出口的影响，但对其影响贸易机制进行深入分析的很少。其次，基于异质性企业贸易理论，从产业层面对中国出口增长的分析很少，而以Melitz（2003）为代表的异质性企业理论模型的分析都是针对产业层面的分析，这为从产业层面分析中国的出口增长并比较不同产业出口结构的差异提供了契机。再次,以往实证研究中经常使用的引力模型在引入企业异质性后发生了改变。贸易成本对贸易的影响因不同产业结构参数的不同而显著不同(Melitz,2003;Chaney,2008)。而以往国内研究在用到结构参数,尤其是替代弹性时,往往假定为某一固定值(钱学锋和梁琦,2008;施炳展,2008;许德友和梁琦,2010;许统生等,2011;邹宗森等,2019),很少针对具体产业进行具体分析,而这与不同产业具有不同市场结构的现实存在极大差异,这也进一步说明了从产业层面分析和比较中国出口增长的必要性。最后,以往国内关于贸易成本对贸易影响的研究大都没有区分贸易成本性质的差异对贸易结构不同部分的影响。而 Melitz(2003)认为,出口固定投入成本只会影响出口企业的截点生产率,进而对企业进入/退出出口市场,即对扩展边际产生影响;而可变贸易成本则只会对单个企业的出口量,即集约边际产生影响。

二、研究的目的和意义

本书即是对以往研究的有益补充。在深入分析中国贸易便利化进程的基础上,一方面,对贸易便利化影响贸易的机制进行深入分析,从理论上廓清贸易便利化对贸易影响路径或渠道;另一方面,从贸易便利化影响贸易的渠道之一——出口固定投入成本的角度切入,借鉴 Kancs(2007)的异质性企业贸易理论框架,估计不同产业的替代弹性和异质性参数,进而结合 Chaney(2008)对有关出口固定投入成本的扩展边际弹性的定义,分析产业层面出口固定投入成本对扩展边际影响的程度,并同对总出口的影响进行比较,进而从产业层面提出切实可行的政策建议。尽管钱学峰(2008)也进行过类似的研究,但其将研究聚焦于总出口量,并未深入到产业层面对出口结构进行进一步分析,并且其研究的重点是不同的贸易成本,而非专注于出口固定投入成本对扩展边际影响。

对上述问题的分析具有重要的理论和现实意义,具体表现在以下几个方面:

第一,经过几十年持续的关税减让谈判,世界整体的关税水平已大幅下降,贸易自由化已经达到了较高的水平,其进一步发展取决于各国经济开放程度的加深和多边谈判的进展。近年来,APEC、WTO 等国际经济组织以及各国政府在贸易自由化合作进展迟滞的背景下,越来越强调通过贸易便利化来获得贸易新的增长点,相关方面的研究也越来越受到学者的关注。

第二，对中国贸易便利化进程的深入分析，不仅有利于我们对中国贸易便利化发展阶段以及发展所具备的条件和面临的困难有一个比较全面的把握，而且也有利于根据中国贸易便利化发展所遇到的困难，提出有针对性的发展建议，从而促进中国贸易便利化的进一步发展。

第三，出口固定投入成本是异质性企业贸易理论的核心内容，且在世界整体的关税水平已大幅下降的背景下，来自于技术障碍的出口固定投入成本和监管保护措施成为主要的剩余障碍（Baldwin，2000；Maskus 和 Wilson，2001）。因此，从出口固定投入成本切入，不仅同异质性企业贸易理论所体现的主体思想一致，而且同近年来 APEC、WTO 等国际经济组织所倡导的通过贸易便利化措施降低出口固定投入成本的政策相一致。

第四，结构参数的大小能够反映不同产业的市场结构特征，并对贸易成本影响贸易不同组成部分的程度产生极大影响。因此，对替代弹性和异质性参数的估计，对于准确把握产业结构特征以及贸易成本对贸易不同部分的影响程度，并进而提出有针对性的产业政策和贸易政策具有重要的启发意义。

第五，尽管改革开放以来的几十年中国的出口持续增长，但1998年的东南亚金融危机和2008年金融危机都使中国出口产生剧烈波动，这使我们不得不对中国出口抵御外界经济冲击的脆弱性视而不见。大量研究发现了扩展边际在一国抵御经济波动冲击、促进贸易稳定增长中所扮演的重要角色，尤其对发展中国家，其贸易促进的作用更加明显（Hummels 和 Klenow，2005；Evenett 和 Venables，2002）。

第二节　研究思路

为了从贸易便利化的视角出发来研究出口固定投入成本对贸易扩展边际的影响，本书主要遵循下面的分析思路：

第一，对相关的国内外文献进行梳理和总结，以此把握国内外有关贸易便利化对贸易影响以及出口固定投入成本对扩展边际相关研究的进展情况。

第二，为了对中国贸易便利化的发展情况有一个清晰的认识，书中采用问卷调查、深度访谈和比较分析的方法对中国贸易便利化发展的现状以及同世界其他经济体比较所处的地位进行了深入的分析。

第三，按照理论指导实证的研究思路，对贸易便利化影响贸易的机制和出口固定投入成本对扩展边际影响的机制进行了研究。在理论基础方面，通过构建贸易便利化不同的成本渠道对贸易产生影响的分析框架，进一步对出口固定投入成本影响扩展边际的理论进行分析，并推导出口固定投入成本的总出口弹性和扩展边际弹性，试图比较总出口和扩展边际受出口固定投入成本的不同影响。在实证研究方面，根据上述理论模型的推导，获得进行计量分析的结构引力模型，并运用产业层面的数据对结构引力模型的结构参数（替代弹性和异质性参数）进行估计，进而模拟和计算出口固定投入成本对不同产业总出口和扩展边际的影响，以此获得产业层面的结论。

第四，在理论研究和实证研究的基础上，提出有针对性的结论，并为我国出口的稳定增长提出政策建议。

第三节 研究方法

首先，本书秉承上文所述的研究思路主要采用了理论和实证相结合的研究方法。在理论研究方面，一是通过分析贸易便利化对贸易产生影响的不同成本渠道，廓清了贸易便利化对贸易影响的内在逻辑；二是借鉴 Kancs（2007）的异质性企业贸易理论，推导出口固定投入成本对扩展边际影响的理论框架，并结合 Chaney（2008）对弹性的定义，获得有关出口固定投入成本的总出口弹性和扩展边际弹性，以此为后续的实证研究提供理论基础。在实证研究方面，借鉴理论研究推导出的结构引力模型，采用产业层面的面板数据，对 29 个制造业产业的结构参数进行估计，进而分析出口固定投入成本对不同产业扩展边际影响的差异。

其次，问卷调查、深度访谈和比较分析相结合是本书运用的另一个重要研究方法。为对中国贸易便利化发展情况有一个深入的认识，本书分别针对政府管理部门、海关、技术提供部门、企业设计了调查问卷和访谈问卷，并于 2011 年 11 月至 2012 年 4 月对上述机构或部门进行了调研，获得了大量有重要意义的一手资料，为深入分析中国贸易便利化的发展现状提供了重要的依据。而通过对中国和世界其他经济体贸易便利化发展水平的比较也使我们对中国贸易便利化发展水平在整个世界中所处的地位有了更清晰的认识。这些分析为未来中国贸易便利化的进一步发展提供了很好的启示。

最后，定量分析和定性分析贯穿了整篇论文。为了研究出口固定投入成本对贸易扩展边际的影响问题，书中通过使用大量产业层面的可靠数据来进行定量分析，试图通过数据的分析来对上述问题进行更加客观的回答。另外，行文中对于各种观点的阐述、理论的推导、结论的总结以及政策建议的提出都不可避免地会使用定性分析的方法，因此，定量分析和定性分析相结合也是本书使用的另一种重要的分析方法。

第四节 基本概念界定

一、出口固定投入成本

出口固定投入成本的思想可以追溯到 Baldwin（1986，1989）、Baldwin 和 Krugman（1989）以及 Dixit（1989a，1989b）对企业出口回滞效应（Hysteresis Effect）的研究。Baldwin（1986）认为，进入出口市场所投入沉没成本同继续留在市场内的每一期的维持成本共同构成了出口市场进入成本。也有学者认为，在静态模型中出口固定成本的大小同动态模型中一次性出口市场进入成本的每一期销售的摊销值相等（Arkolakis，2006）。大多数理论模型并未对出口市场进入成本、出口固定成本和出口沉没成本进行很细致的区分，但一般都指的是涉及非关税贸易壁垒、市场调查、构建外国配送网络、商务谈判及人员往来、适应外国标准等方面的投资和费用（Medin，2003），本书将这些成本统一称为出口固定投入成本。

二、贸易扩展边际

严格来说，扩展边际的概念最早源于经济学。微观经济学里在描述消费者是否进入某种商品市场时涉及扩展边际的调整（范里安，2006）。异质性企业贸易理论中的扩展边际也有类似的含义。从跨部门截面维度来看，扩展边际经常被定义为出口产品种类的范围或出口企业的数目；从时间维度来看，扩展边际的增长主要是指新出口产品的种类，旧产品出口到新的目的地或出口企业数量的增长（Persson，2008）。可以看出，扩展边际的确切定义随着研究背景的不同而改变。本书根据需要，借鉴 Kancs（2007）从出口企业数量的角度来定义扩展边际，且所研究的贸易扩展边际增长既包括绝对扩展边际的增长也包括相对扩展边际的增长。

三、贸易便利化

贸易便利化是涉及政治、经济、商务、行政管理和技术的综合性问题（Butterly，2003）。目前对贸易便利化并没有统一的定义（Grainger，2004；Bolhöfer，2007；Wille 和 Redden，2007），不同的经济组织及相关主体对贸易便利化的定义强调的侧重点不同。例如，WTO（2003）对贸易便利化的定义强调"贸易流程的简化和协调"；OECD（2003）对贸易便利化的定义强调"国际贸易流程和所涉及文件的合理化"；APEC 对贸易便利化并没有确切的定义，但其对贸易便利化强调"能够减少国际贸易成本的任何政策"。而对大多数实践者而言，贸易便利化意味着利用"信息和交流技术"来实现"更好的监管"，即通过技术来简化贸易流程，降低贸易交易成本，从而提升监管效率（Grainger，2007b）。本书借鉴 Grainger（2007b）的定义，将贸易便利化定义为一种通过政策制度和技术来简化贸易流程，进而降低贸易交易成本，从而提升监管效率的综合性措施或方法。

第五节　主要创新点

本书旨在从贸易便利化视角分析产业层面出口固定投入成本对贸易扩展边际的影响，与现有研究相比，本书的创新主要体现在下面三个方面：

（1）基于 Melitz（2003）异质性企业贸易模型对贸易便利化影响贸易的机制进行深入的分析，从理论上廓清贸易便利化对贸易影响路径或渠道。

（2）通过借鉴 Kancs（2007）的企业异质性贸易模型，并结合 Chaney（2008）对出口固定投入成本的总出口流和扩展边际弹性的分析，在理论上廓清出口固定投入成本对总贸易量及扩展边际的影响机制。

（3）使用产业层面的数据对 29 个制造业产业进行了面板分析，并且对 10 个不同产业的出口替代弹性和异质性参数进行了估计。在此基础上分析出口固定投入成本的总贸易流弹性和扩展边际弹性，模拟出口固定投入成本下降 10% 对总出口和扩展边际影响的程度。以此对产业层面出口固定投入成本对贸易的影响有更深入的洞察，从而为中国优化贸易增长的路径提供丰富的政策含义。

第二章

文献综述

第一节 国外文献综述

一、贸易便利化对贸易影响的研究

(一) 贸易便利化对总贸易的影响

由于对贸易便利化并没有统一的定义,学者们根据研究的需要设计了不同的贸易便利化指标,且对这些指标影响贸易的程度进行了比较。例如,Wilson 等(2003)运用引力模型研究了贸易便利化对于贸易流量的影响。对 13 个基础变量进行简单的平均,构建了贸易便利化四大指标:港口基础设施、海关环境、规制环境、电子服务基础设施,用这些指标对 APEC 成员单一年份的贸易便利化水平进行研究。模拟估计表明,如果提升 APEC 内低于平均水平的国家的贸易便利化水平至平均水平,APEC 贸易内的贸易会增加 2540 亿美元,相当于 APEC 贸易量的 21%,且有一半是来自于港口效率的提升。Wilson 等(2005)沿袭以往研究,仍然运用上文所提的四大指标对更多国家的贸易便利化水平进行了研究,模拟发现,将低于平均水平的国家贸易便利化水平提升至平均水平,全球贸易会增加3770 亿美元,其中 1570 亿美元来自于电子服务基础设施、1070 亿美元来自于港口效率、830 亿美元来自于海关环境、330 亿美元来自于规制环境。类似的研究还有 Njinkeu 等(2008)分析了港口效率、海关环境、制度环境以及服务基础设施改革的影响。研究发现，港口效率和服务基础设施对于非洲的贸易扩张十分重要。Martinez – Zarzoso 和 Marquez – Ramos（2008）在细分水平上分析了贸易便利化对贸易量的影响，他们侧重于"边境手续"的简化，其中包括文件数目和过境所涉及的时间，以及所产生的交易成本。他们的研究结果是支持鼓励各国评估和改进其贸易便利化需求和优先事项的多边倡议。除此之外，还有学者针对贸易便利化的某一方面来研究其对贸易的影响。例如，Abe 和 Wilson（2008）研究了制度贸易便利化指标，结果发现，对于 APEC 地区，减少腐败和提高透明度会使该地区的贸易增加 11%，全球福利会增加 4060 亿美元。Djankov 等（2006）、Nordas 等（2006）的研究仅关注了时间延迟对贸易的影响。

大部分学者认为，尽管贸易便利化改革在初期实施时会带来一些不可避免的成本（Sakyi 等，2018），但随着时间的推移，贸易便利化能促进贸易收益的增加，且通过贸易便利化所获得的收益要超过通过关税自由化所获得的收益。例如，APEC（1997）比较了亚太地区通过贸易便利化所获得的潜在收益和通过关税自由化所获得的潜在收益，结果显示通过前者所获得的收益是通过后者所获得收益的几乎两倍。Márquez – Ramos 等（2011）也认为，因随着时间的推移关税壁垒对贸易的影响减少，制度障碍可能会在相对重要性上增加，并成为国家之间货物流动的一个关键性障碍。其利用 2000 年 13 个出口国和 167 个进口国之间的截面贸易数据，估计了一个理论上调整的贸易引力模型。结果表明，制度贸易壁垒比关税壁垒对贸易流量的影响更大。因此，其认为，贸易政策谈判的努力应该集中在贸易便利化进程上，且并应被置于多边谈判的最前沿，而 Shepherd 和 Wilson（2009）对东南亚的研究也得到了类似的结论。

另外，还有学者就贸易便利化对贸易量的影响进行探讨，认为贸易便利化改革确实能够扩大贸易量，尤其是提升发展中国家的出口表现。例如，Wilson 等（2003）对亚太地区贸易便利化和贸易量的关系进行研究发现，贸易便利化措施，尤其是港口效率的提升能够显著扩大 APEC 地区内的贸易量；Iwanow 和 Kirkpatrick（2008）将基础指标简单平均，构造了贸易便利化综合指标，加入了非洲虚拟变量，研究发现，与世界其他地区相比，提升非洲国家的这些指标水平将会带来更大的影响。Iwanow 等（2009）使用 124 个发达国家和发展中国家2003～2004 年面板数据集来评估贸易便利化及其他与贸易相关的制度约束对出口表现的影响，研究结果发现，贸易便利化改革确实能够提升非洲的出口表现；Milner 等（2008）、Hoekman 和 Nicita（2011）、Portugal – Perez 和 Wilson（2012）通过研究也都得出了类似的结论,即贸易便利化措施对扩大发展中国家的贸易量,尤其是对出口有显著的影响。

上述研究在分析贸易便利化对贸易影响时大都采用了引力模型的方法,也有一些机构和学者(UNCTAD,2001;OECD,2003;Dennis,2006;Decreux 和 Fontagne,2006)采用了一个可计算一般均衡模型来估计贸易便利化的综合指数对贸易流的影响。尽管在这两种方法的范畴内利用了不同的数据集和估算方法,结果显示,大多数情况下该指数对贸易流的影响是正向显著的。

(二) 贸易便利化对异质性企业出口行为影响的研究

1. 在理论研究方面

Ferguson 和 Forslid(2011)发展了一个基于 Melitz(2003)的企业异质性贸易模型,并在模型中将贸易便利化代理变量引入,目的是测试什么类型的企业会由于贸易便利化开始出口。他们认为,企业进入出口市场必须支付一个固定投入成本,这个成本能够通过政府在贸易便利化方面的改进而降低。模型预测母国的贸易便利化允许较低生产率的母国企业出口。但是,出口目的地市场竞争的增加使目的地市场的本土企业出口变得更加困难。

2. 在实证研究方面

Persson(2008)使用了2005年发展中国家出口到欧盟国家的贸易数据,并借鉴 Hummels 和 Klenow(2005)的方法将出口数据分解为扩展边际和集约边际来研究贸易便利化对差异货物和同质货物的集约边际和扩展边际是否有相同的影响。结果发现,对差异性货物,扩展边际较集约边际更易受出口交易成本的负向影响。出口交易成本对同质货物的出口有负向影响,这个影响主要来源于集约边际。Portugal - Perez 和 Wilson(2010)借鉴 Helpman(2008)使用了两阶段的选择模型,检验贸易便利化对于集约边际(出口贸易量)和扩展边际(出口倾向)的影响,结果表明,贸易便利化改革会影响发展中国家的出口表现,对其集约边际和扩展边际都产生影响。Dennis 和 Shepherd(2011)也认为,目前的实证研究趋于低估贸易便利化的潜力,原因是没有考虑贸易便利化对促进新产品扩展边际——出口多样性的潜力。其使用同 Persson(2008)相同的贸易便利化测度方法,发现贸易便利化对促进发展中国家的出口多样性非常有效,海关流程的改革对促进出口多样性有最显著的正向影响。另外,还有部分学者就贸易便利化的具体措施对出口可能性影响进行研究,例如,Francois 和 Manchin(2007)使用

1988~2002年的双边贸易流的面板数据,探究硬件基础设施、制度体制等对双边贸易情况的影响。结果发现,硬件基础设施和制度体制的好坏对出口水平和出口可能性都具有显著的影响。因此,Francois 和 Manchin(2007)认为,这意味着仅强调进入发展中国家市场,而不支持贸易便利化的政策可能是错误的。Seck(2016)使用世界银行企业调查数据研究了贸易便利化改革如何影响撒哈拉以南非洲的企业的出口。研究发现提升海关的清关、政府规制、贸易融资以及能源和交通基础设施对增加企业进入出口和进口的可能性有利,对出口程度也有利。研究发现,相对于自己的贸易伙伴,非洲企业对环境改变有更大的反应,这归因于它们面临更大的限制。研究还发现,存在巨大的分配效应,即更大和更小的企业在贸易便利化改革中获利的程度不同;类似地,Fontagné 等(2016)基于法国企业出口数据分析了贸易便利化对异质出口商的不对称影响,其着重分析了贸易便利化对出口的三方面影响:出口值(企业集约边际)、出口产品数量(产品扩展边际)和每种出口产品的平均出口值(产品集约边际),并且发现了不同企业规模下贸易便利化的异质性效应。即更好的信息获取能力、先进的制度和有吸引力的流程主要对小企业有好处,而文件的简化和自动化更有利于大企业的贸易。

二、出口固定投入成本对贸易扩展边际影响研究

20世纪80年代早期,美元的强势带来了美国企业市场地位的损失,很多学者尝试对这一"回滞效应"现象进行解释,并最终将这一现象归因为出口固定投入成本的存在(Baldwin,1989;Baldwin & Krugman,1989;Dixit,1989a,1989b)。自20世纪90年代中期以来,大量实证研究使用企业微观数据发现企业是异质的,参与出口活动只是极少数企业的行为且出口企业比例动态变化(Bernard & Jensen,1995;Roberts & Tybout,1997;Clerides, Lach & Tybout,1998;Bernard & Wagner,2001;Bernard et al.,2007)。很多研究认为,上述现象产生的一个重要原因就是出口固定投入成本的存在(Bernard & Jensen,1997;Bernard et al.,2003)。例如,Roberts 和 Tybout(1997)通过构建一个关于出口行为的动态离散来选择模型,量化了先前出口经验对哥伦比亚制造业工厂参与外国市场决策的影响,间接证明了出口固定投入成本对企业参与出口决策的重要性。

早期,在理论方面,出口固定投入成本很少被考虑,而 Venables(1994)和 Medin(2003)是较早在这方面做出理论贡献的学者。例如,Venables(1994)通过建立一个有出口固定投入成本、出口和非出口企业的模型来研究经济一体化

对贸易产生的影响。模型推导的结果发现,尽管减少出口固定投入成本同固定生产成本的比例,能够使出口企业比例增加,但会使总的企业数量减少。Trabold (1998) 调查了1986年欧盟南方扩大的影响,发现了该结果的实证证据。Medin (2003) 也通过建立一个类似 Venables (1994) 的模型来证明出口的固定投入成本的存在性。但两者不同的是,为保证模型中出口和非出口企业能够共存,Venables (1994) 在需求方面采用阿明顿假设,而 Medin (2003) 则假定固定生产成本使用特定生产要素。

尽管上述研究强调了企业的异质性行为,并对出口固定投入成本的存在性进行了证实,但出口固定投入成本在一般均衡贸易模型中被系统分析开始于以 Melitz (2003) 为代表的异质性企业贸易理论。根据异质性企业贸易理论,出口固定投入成本是企业出口行为和其产品分布的重要决定因素 (Arkolakis & Muendler, 2010),国与国之间贸易产品的种类、贸易伙伴范围上的不同会导致基于企业/产品、产品—国家对或企业—产品—国家对的扩展边际 (the Extensive Margin) 的变化。因此,近年大量的研究开始关注扩展边际对出口增长的重要性 (Hummels & Klenow, 2005; Evenett & Venables, 2002)。

下面主要在企业异质性贸易理论的框架下,对出口固定投入成本影响扩展边际的相关理论和实证文献进行归纳、总结。

(一) 单产品异质性企业贸易理论与"贸易遗失之谜"

1. 现象:"贸易遗失之谜"

现实中所观察到的贸易流要小于传统贸易理论的预期值。另外,按照标准新贸易理论的假设,所有的多样性品种都会被贸易,但现实中却发现双边贸易矩阵中存在大量的"零值":1950年,所有双边贸易关系潜在数量中的大约52%没有报告任何的制造业贸易情况。到1997年所有双边贸易关系的潜在数量已经超过500%,但是真正被利用的双边贸易关系的份额仍然不足58% (Felbermayr & Kohler, 2004)。Trefler (1995) 将这一现象称为"贸易遗失之谜"(Mystery of the Missing Trade)。企业水平的数据为"贸易遗失之谜"提供了更为充分的证据。企业产出的平均出口份额低于标准新贸易理论模型的预测,并且出口企业所服务的平均目的地国家数量是少的:在2000年,出口到一个目的地国家的美国制造业出口企业占了总出口企业的64%,相反,出口到5个或更多目的地国家的企业仅占了所有出口企业的13.7% (Bernard et al., 2007)。虽然传统贸易理论和新贸易理论试图通过禁止性贸易壁垒和完全专业化来对这一现象进行解释，但现实中出口和非出口企业同时存在使这一解释并非完全具有说服力。

2. 单产品异质性企业贸易理论对"贸易遗失之谜"的解释

（1）理论研究。以 Melitz（2003）为代表的企业异质性贸易理论对上述现象进行了更深入的解释。他认为，企业异质性以及出口固定投入成本的存在是上述现象发生的主因。Melitz（2003）发展了一个包含企业异质性的动态产业模型，分析出口固定投入成本对企业参与出口市场的影响。模型假设企业的异质性产生于生产率的差异，且企业生产率的分布服从 Pareto 分布；出口固定投入成本因国家的不同而不同。另外，企业进入一个市场仅需要支付一个固定投入成本和冰山贸易成本，然而企业进入多个市场必须支付多个固定投入成本。基于出口固定投入成本、冰山贸易成本和生产率分布的结合，每个企业自我选择进入三个组别：非常低生产率的企业退出市场；具有中等生产率的企业仅为国内市场提供产品；高生产率的企业不仅为国内服务，而且至少为一个外国市场提供产品。因为假设每个企业仅生产一种差异性产品，一个给定国家的更多更高生产率的企业，会有更多种类的产品出口到至少一个外国市场，或是截点生产率水平（被要求至少能出口到一个海外市场的最低生产率水平）越低，那么在均衡中就会有更多的企业变成出口企业，因而，总出口产品范围会变得更大，扩展边际的增长会更明显。

Helpman 等（2008）在 Melitz（2003）的启发下建立理论模型，并通过估计一个两阶段的实证模型来对贸易矩阵中的零值进行解释。他们将模型置于全球均衡的框架中，认为对于一个给定国家对越高的出口固定投入成本，越趋于增加截点生产率水平，因此，使国内企业接近国外市场更加困难。不同市场出口固定投入成本的存在为贸易扩展边际提供了一个简单的基础，并为贸易矩阵中的零值提供了强有力的解释。Chaney（2008）对 Melitz（2003）的模型也进行了相似扩展，并在模型中通过引入扩展边际（新进入的出口商数量）和集约边际（单个出口企业的出口规模）来研究替代弹性对扩展边际以及集约边际的影响。他认为，Krugman（1980）在企业模型中的关于货物之间较高的替代弹性放大了出口固定投入成本对贸易流影响的代表性预测会在考虑到企业异质性后被推翻：替代弹性抑制了出口固定投入成本对贸易流的影响，而非放大。他在模型中假定出口固定投入成本的总贸易流弹性与替代弹性负相关而非相等。模型经过推导发现：出口固定投入成本的贸易流弹性可被分解为出口固定投入成本的集约边际弹性和出口固定投入成本的扩展边际弹性。当出口固定投入成本改变时，替代弹性对出口固定投入成本的集约边际弹性没有影响，然而却抑制了对出口固定投入成本扩展边际弹性的影响。因此，从总体上来看，替代弹性对出口固定投入成本贸易流弹性的影响总是负的。其中，替代弹性和扩展边际的相互作用机制如下：当替代弹性低时（货物高度差异），每个企业能够占据的市场份额对生产率的差异相对不敏感，生产率较低的企业也能够占据相对大的市场份额。当出口固定投入成本降低时，一些生产率较低的企业也开始进入，并且能够占据相对大的市场份额。因此，当扩展边际在替代弹性较低时会被出口固定投入成本强烈影响，反之亦然。

（2）实证研究。大量的实证研究对 Melitz（2003）、Helpman 等（2008）、Chaney（2008）的结论进行了验证。在这些实证研究中，部分学者使用企业水平的微观数据，例如，Lawless（2008）使用以色列出口企业的五年期调查数据，调查了异质性企业贸易模型对企业出口市场数量的预测能力。他认为，由于出口固定投入成本的存在，不同出口市场会有不同生产率截点，这意味着应该存在一个市场等级（Hierarchy of Markets），企业根据这个等级按照生产率截点由低到高的顺序进入出口市场。实证结果发现，出口市场等级的预测仅仅能够得到数据的微弱支持。这个结论同 Eaton 等（2008）对市场等级预测的"显著偏离"的结论相一致。另外，Lawless（2008）认为，净出口改变的主要贡献来自于在位出口企业出口的改变，新进入和退出者所带来的扩展边际变化仅有边际影响，其对增长的贡献小于 1%。另外，Crozet 和 Koenig（2010）使用法国企业的出口信息来对 Chaney（2008）模型进行验证。结果发现，在 34 个行业中有 28 个行业参数的估计是同 Chaney（2008）的理论预期一致的。但 Crozet 和 Koenig（2010）在验证贸易成本降低对不同行业（产品差异程度不同）扩展边际和集约边际的相对影响时，仅考虑了运输成本或关税这类可变贸易成本的降低，却忽略了对出口固定投入成本降低的进一步研究。

还有学者使用宏观的贸易数据对 Melitz（2003）的结论进行验证。例如，Amurgo – Pacheco 和 Pierola（2008）基于 Melitz（2003）的理论框架，对贸易矩阵中许多零值转化为正值的现象进行解释。其将产品的扩展边际定义为出口多样性并将出口多样性分为产品和地理多样性两部分，分析了影响出口多样性及其两个组成部分的因素。他们认为，Melitz（2003）的理论框架暗含了随着出口固定投入成本的下降，贸易矩阵中零值的数量也应该下降的原理。换句话说，出口固定投入成本的下降应该能够导致企业开始出口新品种。Amurgo – Pacheco 和

Pierola（2008）使用Tobit技术来估计引力方程，结果发现签署FTAs所带来的出口固定投入成本的下降有助于促进出口多样性，且地理多样性比产品多样性更加重要，因此，他们认为聚焦于产品创新可能未必总是行动的最好选择。

另外，同以往的比较静态研究不同，Besedeš和Prusa（2007）考虑一段时间内企业进入和退出出口市场的动态变化。其将扩展边际定义为新贸易关系，并认为不同于Melitz（2003）的完全信息假定，在不完全信息下一些贸易关系并非一旦开始就会长期存在，高风险率的存在导致很多新的贸易关系仅短期存活即具有短持续期（Short Duration）。新贸易关系的脆弱性解释了为什么许多贸易关系被"遗失"。他们通过对46个国家1975～2003年双边制造业出口数据的分析，发现了支持上述结论的实证证据，并且认为，贸易关系的短持续期意味着研究者在将扩展边际的改变作为出口成功的指标进行解释时需要谨慎。Besedeš和Prusa（2007）强调了风险率对贸易关系持续期的影响，实际上产品差异程度不同会导致风险率对贸易关系的影响程度不同。Besedeš和Prusa（2005）使用高度细分的产品数据发现同质性产品的风险率比异质性产品的风险率至少高23%，因此，同质性产品贸易关系的持续期会比差异性产品的更短。他们认为，产生这一结果的原因之一就是差异性产品要求较大的起始出口固定投入成本。

（二）多产品异质性企业贸易理论与"贸易集中"

1. 现象："贸易集中"

国际贸易高度集中在部分企业（Bernard et al., 2007）。在2000年，贸易值排名前1%的贸易企业占了总贸易值的80%，前10%的贸易企业占了总贸易值的95%以上（Bernard et al., forthcoming）。Lawless（2009）使用以色列2004年的企业调查数据也发现，参与贸易的企业趋于集中在相对少数的几个较大企业。另外，现实中也发现当企业出口时主要出口多种产品，多产品企业在总出口中占据重要地位。例如，Bernard等（2007）发现，在2000年出口多于一种HS10产品的企业占了总出口企业的58%，并且占了总出口值的99%多；42.2%的企业出口一种单一产品到国外，但仅占总出口值的0.4%；出口五种或更多种的产品的企业占了25.9%，但却占了98%的总出口值。

2. 多产品异质性企业贸易理论对"贸易集中"现象的解释

单产品异质性企业贸易模型假设每个企业只能生产一种有差异的产品，这些模型能够从企业间的一个极度不平均的生产率分布对贸易集中进行解释。对贸易集中的另外解释是：如果存在产品特定的出口固定投入成本，并且对于多产品企业而言，如果其出口不同产品的获利能力是不同的，那么相对更有效率的出口企业将会出口更多种类的产品。这种沿着产品数量的扩展边际也会扩大企业之间出口值的不平均，从而导致贸易集中现象的出现。

（1）理论研究。Bernard等（2011）发展了一个用来描述企业、产品及国家选择的多产品、多目的地企业的一般均衡模型。为了分析企业内不同产品、企业在不同国家销售相同产品的收益异质性以及不同企业平均获利能力异质性，模型通过允许企业去生产多产品并且允许对不同国家—产品对的需求异质性来对Melitz（2003）模型进行扩展。假定存在一个潜在的竞争性边际企业，这个企业在进入出口市场之前是同质的。为了进入出口市场，企业必须投入一个沉没的固定投入成本。投入的沉没固定投入成本为每个产品水平的差异品种建立了品牌和标志。企业出口决策依赖于企业生产率与企业—产品—国家对的"消费者偏好"的组合。其中，企业—产品—国家对的"消费者偏好"，决定了企业在目的地国家的需求。在支付沉没固定投入成本之前，这两者是随机的和未知的。当企业投入一个沉没固定投入成本后才会知道这两个参数的值，然后才决定是否进入，进入后企业面临供应每个市场的出口固定投入成本，这些市场特定的固定投入成本代表了类似建立分布网络等的成本。另外，假定企业面临供应每种产品到一个特定市场的固定投入成本，这些产品—市场特定的固定投入成本代表了每种产品的市场调查、广告以及确保符合外国监管标准的成本。随着更多的产品被供应给一个市场，整体的出口固定投入成本上升，但是平均固定投入成本下降，因为服务每个市场的固定投入成本被大量的产品所分摊。

模型给出了三个主要预测。第一个预测是出口固定投入成本的下降会导致企业去向具有相对高利润即具有"核心竞争力"的产品转移资源，从而提高了基于收益的企业生产率。原因是：不断下降的出口固定投入成本加剧了市场竞争并且引发了资源向更有生产率的企业和更高消费者偏好的产品转移。第二个预测是同出口固定投入成本改变对扩展边际的影响有关。在模型中，服务一个特定目的地的出口固定投入成本的减少会增加扩展边际，即出口企业的数量和已出口产品的种类。原因是出口固定投入成本的减少会导致在出口市场的产品价格的降低，结合弹性需求的存在，增加了收益和可变利润。这使一些具有较低的消费者偏好原先仅供应给国内市场现在出口也能盈利的产品出口。第三个预测是将企业的生产率和企业的扩展边际联系在一起。在模型中，更高的生产率使企业出口额外的产品，并且出口到更多有较低消费者偏好的目的地，而第一个预测和第三个预测结合起来暗含了出口固定投入成本的降低导致企业向其核心竞争力产品转移资源，从而提高企业的生产率，而生产率的提高使企业出口更多的产品种类和出口到更多目的地市场。

同 Bernard 等（2011）建立的静态多产品异质性企业贸易模型不同的是，Bernard 等（2010）通过建立一个动态多产品异质性企业贸易模型来研究企业内产品转换（Product Switching）问题。研究结论认为，不同市场出口固定投入成本的变化导致了产品增加率和淘汰率之间的正相关关系。

还有学者，例如，Eckel 和 Neary（2010）也进行了类似的多产品企业研究，但其将关注重点放在了企业数量外生给定的、结合柔性制造（Flexible Manufacturing）的对称性多产品企业策略性相互作用上，并主要强调贸易一体化是如何通过一个竞争影响和需求影响——利润侵蚀效应对企业内的产品集（最优产出范围）及产品分布的调整产生影响的。另外，Eckel 和 Neary（2010）将对多产品企业的分析限制在一个单一全球化的，不存在贸易壁垒的世界整体环境中，因此，其在分析时并未涉及出口固定投入成本的问题。

（2）实证研究。支持企业内重新配置的证据被 Bernard 等（2011）所提供，他们发现在 1972～1997 年，美国现存企业的净产品增加和淘汰占据了大约总制造业增长的 1/3，2/3 的企业每 5 年改变它们的 SIC5 产品组合（Product Mix）。与企业进入和退出出口市场相比，产品转换解释了美国制造业增长的更大部分。Goldberg 等（2008）则使用来自印度 1989～2003 年企业数据对印度多产品企业产品转换问题进行了研究。研究发现：一方面，从截面维度来看，同 Bernard 等（2011）对美国的研究一致，他们通过报告多产品企业每种产品的平均销售份额占整体销售的百分比证明了印度企业内产品的销售分布是高度分布不均的。并且发现，经过较长时期，扩展边际（产品组合）的改变比较稳定且占了很大部分——比例达到了 25%；而在短期内扩展边际的重要性会产生波动。另一方面，从时间维度来看，结果显示了同美国数据的重要差异。与美国的实证证据相反，产品转换特别是产品的合理化（Product Rationalization）在印度并不普遍。因此，他们认为，印度很少出现"创新性破坏"（Creative Destruction）证据。除此之外，他们也发现由 1991 年印度贸易改革所导致的最终产品关税下降和产品淘汰（Product Dropping）之间没有联系。他们将产品淘汰的缺乏归因为印度产业规制，规制的存在阻止了有效的资源配置，原因是当市场变得更加自由，因而竞争加剧时，支付了高的沉没固定投入成本的企业不愿收回已建立的产品线，即使这些产品线不再盈利。

（三）扩展的异质性企业贸易理论与"变化的出口固定投入成本"

1. 现象："变化的出口固定投入成本"

现实中所观察到的国家单边贸易流扩展边际的差异表明，企业在进入不同市场时会投入不同的出口固定投入成本。另外，Creusen 和 Smeets（2011）研究发现，企业出口到特定国家的产品平均数目和以国家清廉指数为代理变量的出口固定投入成本之间存在关联：更高的国家清廉指数伴随着一个规模更大的出口产品组合。这意味着出口固定投入成本确实会因产品而异，并且随着产品组合的规模而增加。

2. 扩展的异质性企业贸易理论对"变化的出口固定投入成本"现象的解释

（1）理论研究。类似于 Eckel 和 Neary（2010）关于企业生产率的异质，以及企业当生产不是很成功的产品时生产率下降的假设，Arkolakis 和 Muendler（2010）也提出了一个多产品企业异质性模型。但同上述研究不同的是，这个模型强调企业内不同产品所面临的出口固定投入成本同其在不同出口市场销售规模之间的关系，目的是用来识别每种产品销售规模的企业内异质性以及同出口固定投入成本有关的产品范围经济的来源。另外，Arkolakis 和 Muendler（2010）模型使用了常数替代弹性的 Eckel 和 Neary（2010）生产环境设置，在这个设置里企业能够使用较低的边际生产率生产额外的产品（远离它们的核心竞争力的产品）。这个设置也暗含了一个企业的产品在不同的出口市场销售是完全相关的，也将他们的方法同 Bernard 等（2010，2011）的随机企业—产品模型区分开来。文章使用模型的结构性方法获得了对参数的新估计，并使用这些新估计的参数模拟了出口固定投入成本 25% 的下降对全球贸易的影响。具体而言，因为企业出口多产品，所以同一企业内不同产品出口到相同的目的地，也会带来基于企业—产品—国家水平扩展边际的变化。因此，将降低的成本分为同一企业内第一个产品出口固定投入成本的下降和企业内后续其他种类产品出口固定投入成本的下降。模拟结果显示，贸易量对产品出口固定投入成本弹性比对企业出口固定投入成本弹性要小。贸易的增长主要来源于第一个产品的出口固定投入成本的降低。相反，贸易对于同一企业内后续其他种类产品出口固定投入成本的降低却不是很敏感。新增产品的扩展边际小的原因是企业下降的产品生产率。所以即使是高生产率、产品范围广的出口企业，其增加新产品的销售量也很少，这也暗示了应该将贸易增长点放在开拓更多的出口市场上，以此获得基于市场维度的扩展边际的增长。

另外，Das 等（2007）、Di Giovanni 和 Levchenko（2010）基于单产品异质企业贸易模型认为，企业出口固定投入成本对于销售量的影响很小，原因是很少的企业在进入门槛附近。但是，Arkolakis 和 Muendler（2010）却发现，当出口固定投入成本降低时，在位的出口企业会增加出口（既有集约边际的增加，又有基于企业—产品—国家水平扩展边际的增加），这说明贸易量的显著变化是因为多产品的出口企业在贸易中占据主要地位。

上述的异质性企业贸易模型都暗含企业出口到特定市场，就会将产品销售给市场中的所有消费者。实证研究发现，当企业销售到国外市场时会面临实质性障碍，只有少数企业才会出口，而且通常只出口它们产量的一小部分（Bernard & Jensen，1995；Bernard & Jensen，2004）。Arkolakis（2006）基于市场营销理论，提出出口产品的消费者数量可由企业内生决定，产品进入国外市场的固定投入成本是内生的，每个企业在目的地市场通过支付不断上升的固定投入成本来获得额外消费者，并通过选择消费者数量来取得最大化收益。具体而言，该研究提出了一个新的出口固定投入成本——营销成本的构想，并且认为，营销成本是内生的，企业通过支付更高的营销成本来获得额外的消费者，而且一旦获得了特定消费者，这些成本就保持固定该研究。该研究为了获得特定消费者的营销成本和可变贸易成本而排除了出口市场上低生产率的企业。如果企业通过向消费者出售商品所获得的收入不足以抵销获得第一个消费者的成本，就不会进入国外市场。不断增加的营销成本为企业引入了一个新的销售边际——消费者扩展边际，定义为不同生产率企业的消费者数量。营销成本函数的凸性暗含了每个额外的市场营销允许那些只有较少量消费者的企业能够去获得更多新消费者。因此，消费者扩展边际的调整对这些企业而言更加重要。模型通过消费者扩展边际将大的出口固定投入成本估计和许多出口企业出口到特定市场的少额出口值的现实证据结合起来。相对高生产率的出口企业想要获得出口市场更多的消费者，将承受更大的出口固定投入成本。生产率相对低的出口企业（生产率足以让它获得市场上第一个消费者）选择在市场上只获得一小部分消费者，因而只出口少量产品。总之，Arkolakis（2006）是将异质性企业结合到国际贸易理论的上述一系列文献的延续。模型使我们对出口企业出口到国外市场所面临的障碍有了更深入的理解，并且预测，当出口固定投入成本下降后，大量的新贸易主要来自先前小出口企业，而不是新出口企业，这与先前理论的预测相反。

除此之外，还有学者从影响出口固定投入成本的微观基础方面对基本的异质性企业贸易模型进行研究。比较有代表性的就是 Krautheim（2010）将"溢出效应"引入异质性企业贸易模型。从微观基础的角度来看，溢出效应产生于出口企业间信息网络的建立。模型通过将出口固定投入成本分为对溢出效应敏感部分和对溢出效应不敏感部分来内生化出口固定投入成本，进而扩展以 Melitz（2003）和 Chaney（2008）为代表的基本异质性企业贸易模型。Krautheim（2010）认为，出口固定投入成本中对溢出效应敏感的部分会随着服务于这个给定市场的本地出口企业数量的增加而减少，从而使均衡的固定投入成本随着距离的增加而增加，这导致了更大的距离效应，而出口固定投入成本中对溢出效应不敏感部分的减少会增加出口固定投入成本对出口企业数量的弹性，从而增强溢出效应。溢出效应的存在，使服务于给定市场的国内出口企业数量越多，则越有利于降低出口固定投入成本，从而越有利于更多国内企业参与出口，即促进了基于企业/产品扩展边际的增长。

（2）实证研究。Arkolakis 和 Muendler（2010）强调企业可能会承担因产品而异的出口固定投入成本，这暗含出口固定投入成本的重要性依赖于企业产品组合的大小。总出口固定投入成本会随着企业的出口组合而增加（尽管每个产品的成本可能会下降）。Creusen 和 Smeets（2011）借鉴 Arkolakis 和 Muendler（2010）的理论模型，尝试去验证这一结论。他们采用一个在 2006~2007 年大约 1200 个大型荷兰企业出口到 130 个国家的样本来研究出口固定投入成本的组成和性质。研究发现，一个国家的话语权和问责制、规程的质量、腐败的程度及文化差异是出口固定投入成本的四个重要的影响因素；潜在的出口固定投入成本随着出口产品组合的规模而大幅增加；发生在每个出口产品上的额外的出口固定投入成本相当可观。这些结果意味着，对于多产品出口企业来说，减少出口固定投入成本的经济影响会变得相当大。如果多产品（以及多国）出口企业带来大部分的贸易值，那么减小这些出口障碍可以导致实质的出口增加。

在出口固定投入成本的微观基础方面，Andersson（2007）通过结合基本的交易成本理论提出了熟悉程度和出口固定投入成本之间的联系，即如果（潜在的）出口企业熟悉目的地市场，出口固定进入成本会更低。原因有二：一是同合同有关的成本是典型的沉没固定投入成本；二是合同的不完备性是常态而非例外，而熟悉程度能够补充合同的不完备性（Hart & Holmstrom，1987）。Andersson（2007）认为，如果熟悉程度确实会影响出口固定投入成本，那么关于这个关系的一个可测试的隐含意义是熟悉程度应该主要影响出口扩展边际（出口企业的数量）。其使用瑞典企业出口到150个目的地国家的7年（1997～2003年）的面板数据，通过估计引力方程来对这一假设进行测试。结果发现：熟悉程度对总出口的影响确实主要通过扩展边际这一渠道——扩展边际的调整是大的，并且对总出口规模有显著的影响。另外，Andersson（2007）也测试了是否存在差异性产品和有参考价格的产品所导致的结果差异，结果发现，尽管语言熟悉程度仅对差异性产品的扩展边际有重要的影响，但无论对有参考价格的产品还是对差异性的产品，熟悉程度对扩展边际的影响都存在。

在最近的研究中，Huang（2007）通过使用Hofstede（1980）的风险规避指数扩展了Andersson（2007）的分析。结果显示不确定性规避的国家同那些不熟悉的国家贸易更少。Huang（2007）从不同国家的风险规避程度入手，试图弄清"距离之谜"中的运输成本效应和不熟悉程度效应。其使用引力模型，允许距离效应随着不同国家的风险规避程度的水平不同而改变，从而将不熟悉程度从运输成本对贸易流的影响中区分出来。模型分析表明风险容忍的国家比风险规避的国家更容易获得出口的机会，长期看来，这样的国家会更富有。风险规避程度高的国家对遥远国家（熟悉程度较小的国家）的出口量会比较小。并且在考虑产品差异程度时，这种情况对差异性产品影响的会比在同一国际交易所定价或有参考价格的产品更大。

第二节 国内文献综述

一、贸易便利化对贸易影响的研究

国内学者也开始越来越关注贸易便利化对贸易的影响。例如，孙林、徐旭霏（2011）运用机场基础设施质量、海关程序负担和贸易壁垒普遍度三个指标衡量了贸易便利化程度，并应用引力模型实证分析了东盟贸易便利化措施对中国—东盟区域制造业产品出口的影响。实证研究结果表明：东盟机场基础设施质量的改善对中国—东盟区域制造业产品出口有显著的影响。东盟机场基础设施质量等级每提升1%，区域制造业产品出口将增加1.48%。而海关程序负担和贸易壁垒普遍度的改善对中国—东盟区域制造业产品出口的影响不显著。在此基础上，书中设计了两个模拟方案，模拟分析了东盟贸易便利化程度的加深对中国制造业产品出口的影响程度。结果表明：如果东盟每个国家机场基础设施质量都提升到区域平均水平（5.2），那么中国制造业产品出口额将提高39.34%；如果东盟每个国家机场基础设施质量等级提升到区域最高水平（6.9），那么中国制造业产品对东盟出口额将增长70.95%。孙林、倪卡卡（2013）认为，在后金融危机时期贸易保护主义兴起的大背景下，推进贸易便利化已成为世界各国共同关注的重要话题。其运用泊松伪极大似然估计法（PPML），实证分析了东盟贸易便利化措施对中国和国际农产品出口的影响，并比较了影响程度上的差异。研究表明：提高东盟海关效率、提升港口质量等级、减少贸易壁垒流行程度以及增加互联网的普及率都对国际农产品出口东盟有显著的促进作用。但是，只有互联网的普及率和贸易壁垒盛行度，才会对中国与东盟农产品贸易有显著的影响，其他变量不显著。这说明东盟的贸易便利化对农产品出口的影响存在明显的地域差异。另外，模拟分析发现，若东盟互联网普及率提升至区域平均水平，中国对东盟农产品出口将增加327亿美元。未来一段时间，在深化中国与东盟区域合作上，需要进一步加强贸易基础设施建设，并进一步削减或清除贸易壁垒，实现双方贸易便利化措施对接，以促进农产品贸易发展。孔庆峰和董虹蔚（2015）构建了一套完整的贸易便利化指标体系，对"一带一路"沿线69个亚欧国家的贸易便利化水平进行测算。通过拓展的引力模型，验证了贸易便利化对"一带一路"沿线国家之间贸易的促进作用大于区域经济组织、进出口国家GDP、关税减免等。贸易潜力研究表明，"一带一路"沿线亚欧国家之间的贸易潜力巨大，贸易便利化水平的提升可以进一步扩大贸易潜力，地区之间的贸易潜力要大于同一地区国家之间的贸易潜力。"一带一路"建设应重视贸易便利化方面的合作与创新，建立多元化合作机制，实现亚欧大陆的互联互通和共同繁荣。

还有学者进一步比较了贸易便利化和关税对贸易影响的程度，并认为目前贸易便利化对贸易的影响要大于关税对贸易的影响。例如，谢娟娟和岳静（2011）借鉴Wilson等（2005）的方法，选择口岸效率、海关环境、规制环境以及电子商务的应用四个指标作为贸易便利化的衡量指标，使用引力模型对50个国家的面板数据来分析贸易便利化对中国—东盟贸易流量的影响，并分析不同的关税税率对推进贸易便利化并影响贸易流量的不同作用。结果发现，贸易便利化水平的提升对贸易流量有显著的正向影响，且其影响程度要大于关税的影响。另外，在低关税或免税的情况下，贸易便利化建设将会对贸易流量有更大的影响。鲁晓东和赵奇伟（2010）也认为，中国的出口效率较低，原因是人为阻力对中国出口的限制明显。且从中国出口所受的人为出口限制来看，对大国出口所受限制要大于对小国出口所受的限制。因此，鲁晓东和赵奇伟（2010）认为，这从另外的角度说明，中国与欧盟国家等发达国家仍然具有较高的贸易潜力。另外，鲁晓东和赵奇伟（2010）也进一步认为，尽管关税和贸易伙伴国的制度建设等因素对于贸易效率影响显著，但关税对于贸易效率的影响已随着世界整体关税水平的下降日渐减弱。殷宝庆等（2016）测定的是省级贸易便利化水平。他们以 Wilson J. S.、Mann C. L. 和 Otsuki T. 的测算方法为基础，构建贸易便利化的新指标体系并测度了中国 2002～2014 年 26 个省级样本的贸易便利化水平，在此基础上考察了贸易便利化对出口技术复杂度提升的地区与行业差异性。研究结论表明：贸易便利化水平在不同地区间差异明显，呈现出东部、中部、西部地区依次递减的格局；从地区层面上来看，贸易便利化水平对中西部地区出口技术复杂度的提升效应较东部地区更为明显；从产业层面上来看，贸易便利化水平对高技术产业、中技术产业的出口技术复杂度的提升效应比低技术产业更为显著。

二、出口固定投入成本对企业进出口市场状态影响的研究

孙俊新（2013）使用中国的数据，验证了 Roberts 和 Tybout（1997）的理论模型，证明企业出口行为存在连续性的原因是沉没的出口固定投入成本的存在。赵伟等（2011）借鉴 Roberts 和 Tybout（1997）的理论模型，在此基础上对原模型从没有沉没的出口固定投入成本的单期和多期到存在沉没的出口固定投入成本的单期和多期的情形进行了扩展，并使用对数 Probit 模型对中国企业进入出口市场的沉没成本存在性进行经验检验，结果同样证明了中国企业进入出口市场的沉没出口固定投入成本存在性导致出口持续性的结论。而赵伟、陈文芝（2007）基于企业同质的假设，分析了沉没的出口固定投入成本致使企业出口决策不能及时调整进而导致出口滞后的微观机理，他们认为：企业进入出口市场需要支付的出口固定投入成本的存在使企业出口决策不会对外生波动做出及时反应，从而导致出口滞后。在分析了沉没出口固定投入成本导致出口滞后的内在机理后，其又以中美双边贸易为例，采用协整检验以及自回归分布滞后模型进行了实证检验。检验结果显示，中国出口滞后是存在的，且沉没出口固定投入成本对出口滞后的影

响是显著的。

三、关于中国出口增长结构分解的研究

从以往的研究来看，大多研究主要从宏观角度研究相关因素对中国出口增长的影响。而异质性企业贸易理论认为，微观层面行业和企业的研究将使出口增长的研究结论更具洞见和政策含义。

最近几年国内学者也越来越关注在异质性贸易理论的基础上对中国出口增长的结构分解的研究，在这些研究中，部分学者将出口增长分解为二元边际。例如，钱学峰（2008）认为，目前基于宏微观的研究都未对中国出口结构进行分析。因此，其借鉴 Kancs（2007）的理论框架，基于企业层面的微观数据，将中国出口总量增长分解为贸易集约边际与扩展边际，进而模拟了可变贸易成本和出口固定投入成本对二元边际的影响。结果表明，在2003~2006年，中国的出口扩张主要来自集约边际，而贸易成本的变动对中国出口总量增长的影响主要是通过促进贸易扩展边际实现的。宗毅君（2012）借鉴 Hummels 和 Klenow（2005），通过使用 HS6 微观贸易数据，计算了中美两国对世界出口增长的二元边际；并采用脉冲响应函数和方差分解，实证分析了二元边际对两国出口竞争优势的影响及贡献。结果表明，尽管二元边际对中美两国出口竞争优势的增长均有拉动作用，但对美国竞争优势的贡献要高于中国；其中，源于产品种类创新或新产品创造的扩展（广度）边际，是美国出口竞争优势的最主要来源，但不是中国出口竞争优势的主要来源。陈勇兵等（2012）也认为，分解二元边际对于中国出口增长的不同贡献意义重大。特别是通过实证研究分析不同类型的贸易成本变化对贸易结构不同部分影响的差异，对理解中国出口发展中存在的问题非常重要，对理解出口企业行为，进而提出贸易制度改革，促进贸易的稳定增长等都具有重要的政策意义。

还有研究根据需要，将出口增长进一步分为三元边际。例如，施炳展（2010）借鉴 Hummels 和 Klenow（2005）理论研究框架，利用1995~2004年HS6贸易数据，对中国出口增长从三个维度进行分解，分别为扩展边际（广度）增长、集约边际（数量）增长与价格增长，进而利用非参数技术研究了中国出口增长模式。结果表明，在中国出口增长的三元边际中，集约边际（数量）增长最快，扩展边际（广度）增长次之，两者共同决定了中国出口的迅速增长；价格对出口增长几乎没有贡献，且这一结论对于不同技术、不同数据是稳健的。

类似的研究还有施炳展和李坤望（2009），其利用 HS6 贸易数据扩展了 Hummels 和 Klenow（2005）的分解方法，将中国对美国出口的增长分解为产品扩展边际（广度）增长、产品价格增长和产品集约边际（数量）增长。结果表明，中国对美国出口增长的 70% 来自集约边际（数量）的增长，且集约边际（数量）增长的重要性随产品技术的不断升级而逐渐增加；虽然中国出口的数量比大部分国家都要高，但价格却低于大多数国家。因此，施炳展和李坤望（2009）认为，中国的贸易增长模式亟待从"以量取胜"向"以质取胜"转变。黄先海、周俊子（2011）则基于 Melitz 分析框架，使用 1996～2009 年中国对 19 个国家 HS96 六位码产品的出口数据，同时从地理和产品两个维度界定扩展边际（出口广化）结构，并在此基础上构建扩展边际（出口广化）中的地理扩展边际（地理广化）和产品扩展边际（产品广化）的决定模型，深入比较分析出口扩展边际（出口广化）不同模式的因素影响效果。研究发现，尽管地理扩展边际（地理广化）占据了扩展边际（出口广化）的绝大部分，但是产品扩展边际（产品广化）单位种类的创出口能力更加强劲；另外，经济波动对价格和中间产品贸易的交互效应在地理扩展边际（地理广化）中均显著为负，其中价格的推动作用被逆转，中间产品贸易的抑制作用被强化，相比之下，产品扩展边际（产品广化）的表现具有一定的稳定性。

从对上面研究的总结来看，这些研究特点大多基于产品的数据对贸易的增长进行分解，这样做能够获得贸易增长的结构性特点，但缺点是基于产品的研究往往因表示产品分类数据的不足而难以捕捉产品种类的变化，以致可能低估一些新出现的贸易品种类，从而影响测量的精度（Baldwin，2006）。另外，因使用产品数据的细分水平不同，以及对集约边际和扩展边际的定义不同，有关两者相对重要性的结论不具有可比性，因此，有的学者在政策含义上认为，应提供更多的优惠政策促进扩展边际的发展，例如，徐颖君（2006）根据 1983～2004 年中国出口商品的类别数据和国家数据研究后认为，一方面，要继续推行出口市场分散策略；另一方面，要加快出口产业升级并实行商品结构多样化战略。钱学峰等（2010）也认为，由于没有考虑贸易品种类变化的重要影响，传统的基于固定种类篮子的测度方法低估了出口价格指数而高估了进口价格指数，因此，通过考虑产品种类的内生变化，经历持续出口繁荣的国家可以并不必然导致贸易条件的恶化。同时，其认为中国的贸易增长结构应尽快转向扩展的贸易边际，以提升贸易品的种类，进而有效地维护中国的贸易利得。邹宗森等（2019）认为，产品种类多样化是研究贸易结构的重要维度，也是贸易福利的重要源泉。

而另外的研究却认为，也不能一味地追求扩展边际的扩张，或追求市场的多元化，而应该专注核心市场。例如，钱学锋、余弐（2012）认为，贸易扩展边际包含种类和市场两个维度，即新的出口产品种类和新的出口目的地市场都属于扩展边际的范畴。已有研究在强调扩展边际福利内涵时并没有分离出两种维度扩展边际的不同影响，或仅考虑了出口种类的意义。判断出口市场是否多元化的标准，更应是从宏观层面和微观层面观察出口市场集中度的变化，而不是观察出口目的地市场数量的变化。其借鉴 Bernard 等（2010）、Eckel and Neary（2010）的研究验证了在贸易自由化的过程中，企业是否会通过适当收缩其出口目的地市场的数量而减少其出口的产品范围。经研究发现，出口市场的多元化抑制了企业生产率的成长，因而，其认为，在贸易自由化的过程中，企业也会通过舍弃掉部分市场专注于核心市场（Core Market）。强永昌和龚向明（2011）则认为，虽然理论上贸易多样化能减弱出口波动幅度，但不能得到实证研究的充分支持。其通过从经济发展阶段和贸易政策二维视角来解释这种理论与实证产生的冲突。分析结论表明，由于受出口集中度的"U"形特征、行业出口波动差异、贸易政策等因素的影响，使出口波动和出口集中度呈现整体上的不一致和阶段上的一致性；发展中国家可以通过多样化减弱出口波动的幅度，而发达国家未必如此。钱学锋、余弐（2012）也验证了 Imbs 和 Wacziarg（2003）关于出口多样性和经济发展阶段之间的关系，在 2000~2005 年，其认为出口市场多元化和企业生产率之间也呈现"U"形关系，而且，从样本均值意义上来看，中国制造业企业处于"U"形曲线的左边，即出口市场多元化抑制了企业生产率的成长。这可以解释中国的出口市场多元化战略进展缓慢的事实，以及企业没有足够的激励去进行新市场的开拓和在新市场中存在较高失败风险的现象。

四、出口结构各部分影响因素的研究

赵永亮、阿彦（2011）认为，贸易多样性是我国贸易扩张的竞争优势所在，但对其经验研究的文献甚为罕见。他们以我国贸易多样性为研究对象，基于 Feenstra（1994）的贸易多样性指数，给出了 1995~2007 年我国进口贸易扩张的集约边际和扩展边际以及 2001 年之后贸易的扩展（外延边际），即多样性扩张带来的贸易收益十分显著。并经实证发现，人均收入的跨国差异不利于贸易多样性的扩张，关税和非关税壁垒同样成为我国进口多样性的阻力因素，而中小企业群体规模对贸易多样性扩张的贡献作用显著。赵永亮和Ayan（2010）也认为，多样性成为传统要素（资本和劳动）之后对贸易增长做出贡献的第三大要素。其对多样性的衡量也借鉴Hummels和Klenow（2005）的研究，并基于Feenstra等的理论方法，利用2000~2007年相关年份出口数据度量中国省份国际贸易增长的扩展边际和集约边际，结果发现，体现贸易多样性的扩展边际成为中国出口贸易的显著因素，略高于集约边际，新兴工业国逐渐成为中国贸易多样性拉动增长的重要新市场。另外，研究还发现，在多样性增长的影响变量方面，贸易显性或掩性壁垒成为限制因素，中小企业的贡献显著，外资进入和市场化改革则成为其拉动力量。赵永亮、朱英杰（2011）进一步分析了中国省份层面的初级品和制成品贸易多样性的影响因素，结果发现，显性或隐性壁垒以及汇率波动干扰等构成了限制因素，而TFP指数、科研投入、产业结构差异化、中小企业规模都成为其贡献因素。

还有学者从国际分散化的角度，考察中国出口增长的扩展边际。例如，孙方（2011）基于国际分散化生产视角，对中国制造业HS84~HS92的6位数出口数据的出口结构进行分析。其从产品层面定义集约边际和扩展边际，研究发现，中国的出口增长主要是沿着集约边际实现的，并且总出口的扩展边际份额在减少，而制造业出口的扩展边际在增加，因此，其认为深度参与国际分散化生产和自由贸易区的构建有利于中国出口沿着扩展边际增长，增强出口增长应对外部冲击的能力。陈勇兵、孙方（2011）也认为，积极参与国际分散化生产（用中间产品在制造业中的份额表示）有利于中国沿着扩展边际的增长，增强应对外部冲击的能力。其借鉴Amiti和Freund（2008）的方法，利用CEPII BACI数据库中1996~2005年HS6位数的中国出口贸易数据，将贸易增长的份额分为现有产品贸易的增长、消失产品贸易的减少和新产品贸易的增加三部分，并分析影响总贸易扩展边际的因素。结果发现，参与国际分散化生产有利于提高中国出口增长的扩展边际份额，优化出口结构，增强抵御外部冲击的能力。

除此之外，有的学者还从硬件基础设施的角度来分析其对企业出口行为的影响。例如，盛丹等（2011）采用了Heckman两阶段选择模型考察了基础设施对中国企业出口行为的影响。最终认为，基础设施对中国贸易增长的影响更多地体现在扩展边际上（用出口决策表示）。钱学峰（2008）也认为，如果政府的政策目标是促进更多的企业和更多的新产品出口，那么通过国际合作削减非关税壁垒，采取措施减少国内行政干预，进而减少出口固定投入成本将是更为积极有效的政策；但如果政府的政策目标是促进出口总量的增长以及扩大现有出口企业的出口增长，那么通过加强港口、机场和道路等基础设施的建设来减少企业的运输成本等可变贸易成本将会取得积极的效果。陈勇兵等（2012）在研究以目标市场基础设施便利程度表示的贸易成本对贸易量及二元边际的作用程度时发现，尽管电话和互联网的使用密度两个变量对贸易总量和扩展边际的影响都显著为正，但对集约边际的影响不显著。这说明基础设施的完善会降低贸易成本，而对集约边际的结果并不显著，因此，其认为发达的通信交流手段可能更利于基于新企业、新产品扩展边际的增加而非集约边际的增加。

还有学者，例如，朱希伟等（2005）从国内市场分割对出口固定投入成本的影响的角度来研究中国出口强劲增长的原因。其将国内市场分割和边际成本与固定成本之间的反向关系引入 Melitz（2003）的模型，构建了一个开放经济模型。最终证明了国内市场分割导致不同生产技术的企业都首选进入国外市场。因此，其认为，中国出口贸易的强劲增长其实是严重的国内市场分割导致企业无法依托巨大的国内需求，发挥规模经济而被迫出口的扭曲现象。

五、关于出口固定投入成本与企业出口动态问题的研究

国内部分学者还开始关注出口固定投入成本及企业的出口动态问题。这其中有学者直接研究出口固定成本对扩展边际的影响，例如，徐蕾和尹翔硕（2012）从贸易成本的角度解释了中国出口企业的"生产率悖论"。他们认为，由于国内市场并不是一个统一的大市场，因此，在国内市场经营的固定投入成本甚至超过出口固定投入成本。其拓展了 Melitz（2003）的模型，采用最大似然估计方法，基于 Logit（Probit）模型，利用工业企业数据库数据，对制造业整体样本及纺织服装制造业样本进行检验，结果发现，国外市场更低的销售费用促进了企业出口，不同市场的贸易成本差异会对企业市场选择产生重要影响。赵伟等（2011）则通过企业前一期的出口状态变量的估计参数的显著性来测度沉没出口固定投入成本，结果证明，因为企业进入出口市场的沉没出口固定投入成本显著存在而导致出口的持续性特征。

除此之外，还有学者研究企业进出外国市场的动态行为，正如陈勇兵等（2012）认为，现有的国内研究无论是基于宏观角度还是微观角度，都缺失对企业出口行为动态的考察，因此，难以充分反映中国出口的结构性特征，也不能有效解释企业出口动态与贸易增长的关系以及企业面临外部冲击的脆弱性。鉴于

此，其基于企业异质性贸易理论框架，利用中国海关数据库，从企业层面将中国出口增长分解为扩展边际（出口企业数量）与集约边际（单位企业的平均出口额），描述了中国企业出口动态和二元边际结构，并考察不同贸易成本的作用机制。结果发现，2000~2005年，尽管扩展边际的波动幅度远大于集约边际，中国出口的增长仍大部分是由持续出口企业的贸易额扩大实现的；各种因素对二元边际的作用机制和程度不尽相同，经济规模、距离和贸易成本的变动主要通过扩展边际影响贸易流量。邵军（2011）也认为，保障出口贸易稳定发展的关键在于使已存在的贸易联系稳定存在，而并非仅仅侧重构建新的贸易联系。其基于风险函数探讨两个问题，一是中国出口贸易联系持续期的基本事实特征，二是各种因素对贸易联系持续期的影响方向。他的研究表明，中国出口企业的贸易联系往往表现出持续期较短、不稳定的特征，贸易联系与出口市场的经济规模高度正相关。另外，其还认为，出口市场多元化也似乎不是企业和国家的最优战略，若能够进一步使已有贸易联系持续期得到延长，此法将会对出口平稳发展更具意义。

六、基于影响出口固定投入成本微观角度的研究

基于影响出口固定投入成本的微观角度，例如，溢出效应，研究出口固定投入成本对二元边际的影响也受到越来越多的学者关注。易靖韬（2009）基于浙江省2001~2003年的企业面板数据，借鉴Roberts和Tybout（1997）的理论模型，采用随机效应二项Probit模型对企业出口参与的影响因素进行实证分析。实证过程通过采用滞后一期的出口状态来反映出口固定投入成本，用产业和城市特定的出口数量来衡量技术溢出效应（即该企业所在产业的总的出口数量以及所在城市的总的出口数量来衡量），结果发现，出口固定投入成本显著存在，产业特定的技术溢出和特定的区位优势都能够提高企业的出口意愿，但前者的作用更明显，因此，易靖韬（2009）认为，政府的出口激励政策应该聚焦于提高企业的生产率和降低出口固定投入成本，以此促进竞争力更强的新企业进入出口市场，而不是通过出口退税和出口补贴等手段来扩大现存企业的出口容量。与此同时，其认为，政府部门应通过完善市场信息咨询网络、加强出口基础设施建设和提供稳定的宏观经济政策环境来有效地降低潜在企业的出口固定投入成本，而从产业和地区发展的出口扶植来看，产业特定的技术溢出相对比较显著，因而应着力加强和营造地区发展的政策和空间环境。而赵伟等（2011）则认为，易靖韬（2009）在影响企业出口行为的外部变量上所考虑的技术溢出效应，由于产业及城市特定

的出口数量可能并不能很好地反映技术溢出的效果，因此，其对产业及城市特定出口的影响不采用该指标，而是直接使用对行业及区位虚拟变量的控制来反映这一指标。孙俊新（2013）则采用同一省份同一 GB2002 四分位数代码的其他企业出口总额和销售产值的比值测度溢出效应，结果发现同一行业内的企业之间的溢出效应也是企业出口的重要影响因素。另外，孙俊新（2013）还认为，加工贸易相比一般贸易模式意味着企业通过大量进口同国外建立了更广泛的联系，企业通过进口建立起来的海外联系将显著降低出口企业的沉没成本。施炳展（2008）在对双边贸易成本的测定中考虑了信息成本的问题，认为贸易一旦开始，随着彼此了解程度的加深及贸易关系网络的建立，信息成本就会降低。于春海和张胜（2013）也认为，国内外市场出口固定投入成本差异并不是外生的，而是依赖于企业的微观特征。由于以往的国外销售经历或已有的国外销售渠道，使进入国外市场的进入成本要低于进入国内的市场成本，因此，出口成为低生产率企业的自发选择，这可能是出口"生产率悖论"的原因之一。叫婷婷和赵永亮（2013）则结合异质性理论对微观企业二元边际的分解模式，创新性地将企业集聚因素纳入基础模型；运用 1999～2007 年的 30 个制造业出口企业相关数据考察了出口企业不同集聚形式（专业化和多样化）对贸易二元扩张的影响。研究发现，出口企业集聚总体上有利于贸易二元扩张，而集聚专业化经济具有促进集约（内延）边际扩张的作用，多样化经济则更加促进扩展（外延）边际扩张；同时还发现内资出口企业集聚促进扩展（外延）边际扩张，而外资出口企业的集聚更有利于集约（内延）边际扩张。因此，其认为，政府应加强对出口集聚区的产业引导，发挥集聚经济的地方特色，通过专业化经济和多元化经济的双重"集聚优势"来赢得我国出口二元边际扩张的双重"贸易优势"。

第三节　文献评述

早期有关出口固定投入成本的研究强调通过企业出口模式的持续性来证明其存在的不直接证据（Roberts 和 Tybout，1997；Clerides 等，1998），但出口固定投入成本在贸易中的作用并没有被系统研究。自 20 世纪 90 年代以来，实证研究对"企业异质""遗失贸易""贸易集中"现象的发现激起了学界对异质性企业贸易理论研究的热潮。以 Melitz（2003）为代表的异质性企业贸易理论对出口固定投入成本和企业异质性的强调，使越来越多的学者开始关注出口固定投入成本对基于不同纬度扩展边际的影响。随着研究的深入以及各国际经济组织和各国政府对贸易便利化的强调，专家学者们纷纷撰文研究贸易便利化的经济影响，并为贸易便利化措施的顺利实施献计献策，各种国际组织也积极参与到相关研究，采取措施推动不同区域甚至在世界范围内的贸易便利化进程。

尽管上述的文献对我们从贸易便利化的视角出发研究出口固定投入成本对贸易扩展边际的增长提供了深刻的启示，但也存在一些不足，因此，我们认为，未来还可以从下面四个方面继续深入研究。

一、使用更细分的数据研究差异程度不同的产品扩展边际的动态变化

典型的单产品异质性企业贸易理论假设每个企业仅生产一种有差异性的产品，因此，产品扩展边际的变化毫无例外地同进入出口市场企业数目的变化联系起来。在实证研究中关于扩展边际重要性的结论并不一致，原因有以下三个方面：

（一）不同研究对扩展边际的定义不同

从以往的研究来看，研究者根据需要会从产品水平、国家水平或国家—产品的水平来定义扩展边际。而近年来，随着越来越多的研究开始关注多产品企业的普遍存在，因此，从企业—产品—国家的角度来定义扩展边际，进而研究多产品企业内调整所带来的扩展边际变化也具有重要意义。

（二）实证中所使用数据的细分水平不同

将扩展边际重要性的不同结论归为对扩展边际的定义不同，这暗含了实证研究中所使用的不同水平细分数据对结论的重要影响。现实中贸易矩阵中的零值包含大量的信息，而其值会随着数据细分水平的增加而增加。因此，本书认为，进一步的实证研究需要去完全区分这些零值的真实属性：它们是被遗漏的观察值吗？遗漏的原因是什么？另外，对多产品企业的研究也面临同样的数据细分问题，未来需要更多的实证研究，以建造更详细的数据系列并在更细层面上更高频率地记录企业产品集的动态变化。

(三) 忽略分析扩展边际的动态变化以及产业的结构特征对出口固定投入成本影响扩展边际程度的差异

已有文献将影响扩展边际的原因仅在两个时点上进行静态比较，而忽略考虑一段时期内扩展边际的动态变化。另外，产品差异程度的不同会导致贸易关系持续期的长短不同，且异质性企业贸易理论的本质是基于产业层面的分析，产业结构特征的差异会对贸易成本影响贸易以及贸易"二元边际"的程度产生重要影响。因此，本书认为，另一个重要的研究方向应该是考虑在一段时间内通过建立动态的理论模型来扩展边际的变化，并根据产业结构参数的不同分析不同产业的扩展边际是否会被贸易成本以相同的方式影响。从政策含义上来看，这意味着探索一个国家不同产业的扩展边际受贸易成本的影响是否会因产业差异的不同而不同，某些贸易关系仅有较短持续期的原因以及提升存活率的方法等都具有重要的现实含义。

二、对出口固定投入成本同多产品企业出口之间相互作用的内在机理进行深入研究

前文对贸易集中的第二种解释强调了出口固定投入成本和多产品企业的重要性。但以往国际贸易理论对多产品企业的关注很少。最近，受产业组织理论研究的启发，越来越多的研究开始去探索出口固定投入成本在多产品的异质企业模型中所扮演的角色。但现实中对多产品企业内调整的理论和实证研究相对缺乏，已有研究主要关注竞争的增加对企业内产品集和产品分布的影响，很少直接对出口固定投入成本同多产品企业出口之间相互作用的内在机理进行深入研究。企业出口固定投入成本是否会因企业和产品差异而有所不同？如果有所不同，那它们之间的内在关系如何？这些不同会对多产品企业的出口产生何种影响？Arkolakis 和 Muendler（2010）、Arkolakis（2006）的研究给了我们很好的启示：企业—产品—国家特定的出口固定投入成本仍然是未来研究多产品企业出口的核心内容。

三、对影响出口固定投入成本的微观基础进行深入研究

尽管目前异质性企业贸易的相关理论和实证研究已经证实了出口固定投入成本对决定企业参与出口市场及企业内产品调整的重要性，但是现存的文献对于解释不同市场、不同产品出口固定投入成本的性质和变化关注较少。现实中所观察

到的国家单边贸易流扩展边际的差异表明,企业确实在进入不同市场时会投入不同的出口固定投入成本。对这些出口固定投入成本的大小是如何以及为什么会随着不同出口市场、不同产品组合而改变的理解是必要的(Andersson,2007)。

从上述的分析来看,尽管已有研究开始关注出口固定投入成本的性质和组成成分,但有关此方面的研究仍然存在不足,主要表现在以下两个方面:

(一)基于熟悉程度对出口固定投入成本的研究侧重于卖方却忽视了买方

关注卖方熟悉程度的意义在于对出口市场的熟悉程度使企业能更好地渗透市场。但也应该认识到,熟悉程度也能够从买方一边考虑,这方面 Arkolakis (2006) 给了我们一个很好的启示,其基于市场营销理论,提出企业可以通过对市场营销成本的投入来决定所希望获得的消费者数量。尽管 Arkolakis (2006) 从买方角度对熟悉程度影响出口固定投入成本的研究进行了尝试,但目前大部分的此类研究并不能够区分卖方和买方的熟悉程度,而现实中这两种影响是能够共存并且在相同时间内发挥作用的。因此,本书认为,未来研究的另一个主题即是将卖方和买方的熟悉程度区分开来,而这就需要对其进行更细致的测度以及对此更深入的解释,而这方面的政策意味着出口促进政策应该针对两个目标进行:一是国内的企业,二是对外国市场的潜在消费者。

(二)对影响出口固定投入成本大小的不确定性来源和移除方式缺乏深入研究

已有文献表明,绝大部分的贸易关系持续仅仅几年,原因是国际市场中存在大量的不确定性,而这种不确定性的存在,会导致为了避免潜在的出口固定投入成本,买方会在开始时有少量起始购买。但关于不确定性的来源以及移除不确定性的方式并没有进行深入的研究,这意味着未来的研究可以在这些方面继续深入,这无论对企业还是政策制定者都具有重要的意义。

四、重视贸易便利化政策并深入研究其微观影响机制

出口固定投入成本对扩展边际产生的重要影响,以及扩展边际本身对一国贸易稳定增长的重要作用暗含了在政策方面我们不应该忽视强调降低出口固定投入成本的贸易便利化政策。贸易便利化是继贸易自由化后探索世界贸易新增长点的

一条主要路径，但目前关于贸易便利化的研究大多停留在对出口固定投入成本和总贸易流的宏观层面的影响上，而贸易便利化对贸易影响的内在机制如何？贸易便利化对出口固定投入成本产生影响的微观机制又如何？其是否对出口固定投入成本的不同组成部分有不同的影响？学术界对于上述问题并没有一个较深入的研究结论。因此，本书认为，未来关于贸易便利化的研究应该强调贸易便利化对贸易影响机制的深入分析，并同异质性企业贸易理论结合，把重点放在贸易便利化促进贸易增长的微观机制上。

因此，本书即是对以往研究的有益补充。与现有研究相比，本书的贡献主要体现在：首先，对贸易便利化影响贸易的机制进行深入分析，从理论上廓清贸易便利化对贸易影响路径或渠道。其次，通过借鉴 Kancs（2007）的企业异质性贸易模型，并结合 Chaney（2008）对有关出口固定投入成本的总出口流和扩展边际弹性的分析，在理论上廓清出口固定投入成本对总贸易量及扩展边际的影响机制。最后，使用产业层面的数据对不同产业的出口替代弹性和异质性参数进行估计，并分析出口固定投入成本的总贸易流弹性和扩展边际弹性，模拟出口固定投入成本下降10%对不同产业总出口和扩展边际影响的程度。以此，对产业层面出口固定投入成本对贸易的影响有更深入的洞察，从而为中国优化贸易增长的路径提供丰富的政策含义。

# 第三章

中国的贸易便利化发展

在过去的十年中,地理区域化和全球化趋势使传统的贸易壁垒——关税不断降低,贸易自由化得到不断提升。事实上,在1987年,全年整体平均适用税率(以非加权计算)为25%,而在2007年这一数字仅为9%(Márquez-Ramos等,2011)。因此,随着世界整体贸易自由化水平的提升,通过降低关税等方式来促进贸易增长的空间有限,各国政府和国际经济组织迫切需要探寻一条新的促进贸易增长的渠道,而贸易便利化便成为各方越来越关注的焦点。

至少有两个原因使贸易便利化在未来国际贸易领域会发挥越发重要的作用:一是尽管传统的贸易壁垒对贸易的影响已大幅降低,但因烦琐的海关手续、行政程序等带来的贸易扭曲仍然存在。这些冗余复杂的手续和程序给贸易企业带来了沉重的合规成本和延误成本,且在传统贸易壁垒所带来的贸易成本不断降低的背景下,非效率的贸易流程所带来的贸易成本更加凸显,这促使以简化贸易流程来降低贸易成本为宗旨的贸易便利化恰恰能对这一问题进行有效的解决。二是在世界经济一体化进程与贸易改革有关的发展议题中要取得多边进展正变得越来越困难,部分原因是一些国家缺乏实质性改革意愿,因此,一些想要进行贸易改革的国家开始寻找新的选择,贸易便利化便进入这些国家的视线。这些涉及贸易便利化的改革可以单方面进行,因此,与WTO所主张的非歧视性原则并不矛盾,且能通过有意愿改革的国家自身以及国际合作的方式继续推进贸易改革的进程。

总之,贸易便利化作为降低贸易成本,促进贸易增长,增加社会福利的一个新方向,被WTO、APEC等国际组织看作是乌拉圭回合的补充以及达成茂物目标的重要引擎(Kim,2004),其发展标志着世界贸易翻开了贸易自由化深化和发展的新篇章。

第一节 贸易便利化的提出

一、WTO 与贸易便利化

贸易便利化作为一种便利化全球贸易的综合性方法是于 1996 年在新加坡举行的第一届部长级会议中被增加到 WTO 日程中。这次会议为作为四个"新加坡议题"之一的贸易便利化未来的发展提出了指导建议,并授予 WTO 货物贸易理事会(WTO Goods Council)启动相关的工作。此后,在 2001 年 WTO 发起的多哈会谈的《多哈部长宣言》中,贸易便利化开始引起各国注意并被广泛认可(Carolin Eve Bolhöfer,2007)。部长们同意在 2003 年坎昆第五次 WTO 部长级会议上启动关于贸易便利化的正式谈判,而《多哈部长宣言》也同时提出,WTO 货物贸易理事会将开始审查与贸易便利化相关的 GATT 第Ⅴ条(过境自由)、第Ⅷ条(与进口和出口有关的费用和手续)以及第Ⅹ条(贸易法规的出版和管理),并确定 WTO 各成员国在程序简化方面的需求和难点。2003 年在坎昆举行的部长会议陷入"坎昆僵局",而是否将四个新加坡议题包括在多哈回合谈判中的议题是导致在 2003 年坎昆 WTO 部长级会议失败的问题之一。尽管此次会议失败,但各方却就将贸易便利化作为在 2004 年的"七月一揽子决议"(July Package)中协商的议题达成了一致。"坎昆僵局"实质被打破是在 2004 年 8 月 1 日的日内瓦会议上。在此次会议上,各国同意就贸易便利化开始正式的谈判。2004 年 10 月 12 日,贸易谈判委员会正式成立贸易便利化谈判小组。截止到 2005 年 12 月举行的中国香港部长级会议前,贸易便利化谈判小组共进行了 11 次会议,收到 100 多个成员国共 60 多份关于贸易便利化的建设性提议(Wille et al.,2006)。可见 WTO 关于贸易便利化的议题,各方已逐渐接受将其作为未来可深入谈判的重要内容,并在各方不断努力协调下逐渐取得进步。

二、APEC 与贸易便利化

从 20 世纪 90 年代中期开始,贸易便利化就明确地出现在 APEC 的正式日程中。APEC 贸易投资委员会是在 1993 年建立并且于 1995 年大阪日程上扩大了其涉及范围。委员会的四个主要领域是:支持多边贸易体制、贸易便利化、透明度和反腐败及数字经济和知识产权(Intellectual Property Rights,IPR)。1994 年

APEC各经济体领导人在印度尼西亚的茂物承诺"加强开放的多边贸易体制"并且设定茂物目标：发达经济体到2010年，发展经济体到2020年在亚太地区实现自由和开放的贸易投资。1995年APEC大阪会议通过《执行茂物宣言的大阪行动议程》（以下简称《大阪行动议程》），将贸易投资便利化、贸易投资自由化和经济技术合作确定为APEC进程的三大支柱。

自1994年APEC设立"茂物目标"、1995年大阪会议批准通过《大阪行动议程》以来，APEC在贸易便利化领域已经取得了一系列成果，特别是近些年，APEC贸易便利化进程不断加快。2001年，APEC上海会议通过了"APEC贸易便利化原则"，成为指导和规范成员经济体采取贸易便利化行动的基本框架。随后达成的《上海共识》提出了在五年内将区内贸易成本降低5%的目标。为了实现该目标，2002年第十次APEC领导人非正式会议通过了"贸易便利化行动计划"和"贸易便利化行动和措施清单"，各成员方据此行动计划将在2002~2006年将各自贸易交易费用降低5%。后来，此次贸易便利化行动计划被称为"APEC贸易便利化行动计划Ⅰ"（以下简称TFAPⅠ）。"APEC贸易便利化行动计划Ⅰ"涉及与贸易便利化有关的四大领域，即海关程序、标准和一致化、商务流动及电子商务。2006年，APEC会议在越南河内举行，会议宣布TFAPⅠ顺利实施，上海目标顺利实现。2005年，釜山会议通过"釜山路线图"，提出在2007~2010年区内贸易交易成本再降5%的目标。为此，APEC提出了"第二阶段贸易便利化行动计划"（以下简称TFAPⅡ）。虽然"APEC贸易便利化行动计划Ⅱ"仍然集中于海关程序、标准和一致化、商务流动以及电子商务四大领域，但是对其具体行动和措施进行了更新和修订。海关程序是"APEC贸易便利化行动计划Ⅱ"的重要组成部分，涉及的内容非常多，它包括贸易相关程序的无纸化、自动化；2012年，APEC发布的评估报告显示，2007~2010年，TFAPⅡ降低APEC区内贸易成本5%的目标已经实现。可见，APEC贸易便利化取得了较大成就，但继续深化区内贸易便利化依然任重而道远。

第二节 中国贸易便利化发展概述

一、法律环境

虽然中国推进贸易便利化的相关政策法规建设起步较晚，但发展很快，政府非常重视贸易便利化的发展，出台了一系列的政策、法律法规促进贸易便利化的进程。例如，2006年5月8日中国发布《2006~2020年国家信息化发展战略》，这标志着中国对信息化从高度重视转向规划落实，充分体现了国家贯彻落实信息化战略的意志和决心。同一年，为推行电子政务，深化行政管理体制改革，支持政府部门有效地履行职能，促进全国电子政务健康发展，国家信息化领导小组正式下发了《2006年国家电子政务总体框架》，目标是到2010年，基本建成覆盖全国统一的电子政务网络。且框架还要求要围绕规范信息资源开发利用和基础设施、应用系统、信息安全等建设与管理的需要，开展电子政务法研究，推动政府信息公开、政府信息共享、政府网站管理、政务网络管理、电子政务项目管理等方面法规建设，推动开展修订相关法律法规的研究。这些政策的出台为未来贸易便利化法律法规的出台和完善起到了重要的战略指导作用。

具体的法律法规的建设方面，中国加快推进与贸易便利化相关的信息化法制建设，这些法律涉及电子文件合法有效性、数据传输安全等。例如，为了保护计算机信息系统的安全，促进计算机的应用和发展，1994年中国颁布《计算机信息系统安全保护条例》；1999年3月15日颁布的《合同法》中增加"数据电文条款"，承认数据电文法律效力；2000年修订《海关法》，在第二十五条中明确提出，在办理进出口货物的海关申报手续，应当采用纸质报关单和电子数据报关单的形式，从而确立了电子数据的法律效力；2004年8月28日，中国通过了《中华人民共和国电子签名法》。该法重点解决四个方面的问题：确立数据电文和电子签名的法律效力；规范电子签名的行为；明确认证机构的法律地位及认证程序；规定电子签名的安全保障措施。2006年出台的《治安管理处罚法》也涉及信息安全的内容。另外，为规范通信行业互联网网络安全信息通报工作，促进网络安全信息共享，提高网络安全预警、防范和应急水平，中国工信部在2009年6月发布了《互联网网络安全信息通报实施办法》。

综上所述，中国在贸易便利化方面的立法不断完善，进而积极推动贸易便利化相关政策措施的顺利实现，但在用户及报文验证，数据共享，数据的安全传输，数据的保存、销毁及归档，电子证据，认证结果的相互承认与接收以及知识产权等方面的立法仍须进一步细化和完善。因此，适时对有关贸易数据交换的现有及潜在法律障碍进行分析是推动贸易便利化顺利发展的首要步骤。

二、软硬件环境

（一）软件技术环境

贸易便利化措施的顺利推进在技术环境上要求经济体国内要具有基本信息技

术，例如，网络技术、通信技术等，还要具有辅助性信息技术，包括保密技术、电子签名技术、电子认证技术等。据笔者所在的课题组 2011 年 9 月至 2012 年 7 月对商务部、海关、检验检疫部门、部分国内重点高校的专家学者的调研来看，这两方面的要求对于中国国内的情况来说，已不存在问题。例如，2011 年 12 月 7 日，课题组举行的"关于建立我国国际贸易单一窗口的建议"座谈会中国商务部单一窗口建设方面的专家称，目前中国实施 e-CO 在硬件、技术上不存在任何问题，而"APEC 电子原产地证跨境传输准备境况研讨项目"专家研讨会、中国国际电子商务中心专家对目前中国推进贸易便利化的技术环境也作出了同样的肯定，认为"目前 PAA 所有成员都已实现了 PKI 交叉认证。中国作为 PAA 成员之一，在 PKI 技术方面不存在任何问题"。

除此之外，标准化体系的建立、相关软件和数据库的研制和开发也是对贸易便利化相关项目能否成功实施起决定作用的重要技术条件，对中国来说，这两方面的能力建设更加重要。改革开放以来，中国不断将国际标准融入本国技术法规的建立中，国际标准在技术法规中的比例不断得到提高，特别是加入世贸组织后，我国标准化步伐进一步加快。到目前为止，中国已经成功引进了 UN/EFACT 各项建议书的主要标准，并等同或等效采用国家标准，例如，联合国贸易数据元目录（UNTDED）、口岸及相关地点代码（UN/LOCODE）等。联合国贸易便利化与电子业务中心在鼓励各国政府和企业突进贸易便利化、无纸化贸易时，应考虑使用现有的建议书、标准和规范。这些标准和技术规范的应用将有助于确保为保证跨部门、跨国境所开发的相关系统的兼容，而随着时间的推移，还能促进这些设施之间的信息交换。

（二）硬件系统建设

1. 电子口岸

电子口岸是中国电子口岸执法系统的简称，是海关总署等国务院十二部委在电信公网上（Internet）联合共建的公共数据中心，它是运用现代信息技术、借助国家电信公网资源，将国家各行政管理机关分别管理的进出口业务信息流、资金流、货物流电子底账数据集中存放到公共数据中心，在统一、安全、高效的计算机物理平台上实现数据共享和数据交换。各国家行政管理部门可进行跨部门、跨行业的联网数据核查，企业可以在网上办理各种进出口业务[①]。

---

① http://www.hudong.com/wiki/%e7%94%b5%e5%ad%90%e5%8f%a3%e5%b2%b8.

中国电子口岸改变了过去点对点的连接方式，通过建立一个公共数据中心，实现各部委之间的数据交换和共享。企业只要电话拨号登录 17999 网——"一点接入"就可通过公共数据中心实现网上办公，直接向海关、国检、工商、税务、外汇、银行等部门办理各种进出口手续。

电子口岸的研发部门是中国电子口岸数据中心。该数据中心是一个相对独立的事业单位，其主要职责是研发实施、协调关系、实现需求、系统维护等。2000年 12 月 25 日，电子口岸率先在北京试点。2001 年 2 月 18 日，电子口岸在北京正式开通，从这一天起，凡在北京注册的进出口企业的出口收汇核销业务都必须在电子口岸中完成。2001 年 6 月 1 日，电子口岸在全国试点，8 月 1 日，面向全国推广。

电子口岸是贸易便利化的重要措施，能够简化贸易流程，提高进出口企业、货代企业的贸易效率。目前电子口岸有两个层次，分别是中国电子口岸和地方电子口岸。据海关总署统计，截至 2008 年，在中国电子口岸平台运行的跨部门联网项目达到了 18 个。在地方电子口岸建设方面，地方政府发挥关键组织协调作用，并在各方资源上给予支持，积极推进地区间的合作，进一步促进地方电子口岸与中国电子口岸的联系[①]。截至 2007 年底，全国共有 34 个地方电子口岸上线运行，累计开发的项目已达 400 多个，为加强口岸管理，提高通关效率，实现"一站式"服务，推动地方经济建设发挥了重要作用（李红梅，2008）。

2. 原产地业务电子管理系统

为适应新形势，2004 年初，国家质检总局开始开发原产地业务电子管理系统，并于 2006 年首先选择北京、宁波、厦门和深圳检验检疫局作为试点，进而促进系统的完善。经过一系列的试用和完善，原产地业务电子管理系统于 2007 年 8 月 1 日起在全国推广使用。该套系统适应了原产地业务发展趋势，充分利用 ICT 技术，开发了涵盖所有原产地业务的综合业务管理系统，具备了签证管理、注册管理、计收费管理、签证人员管理、退证查询、原产国标记管理、综合查询、统计汇总、系统维护九大功能，进一步实现了中国—东盟自贸区优惠原产地证书 Form E、中国—智利自贸区优惠原产地证书 Form F、中国—巴基斯坦自贸区优惠原产地证书、《亚太贸易协定》优惠原产地证书等多种新增原产地证书的电子签证，全国数据首次实现了大集中，统一和规范了全国原产地证的签发和管

---

① 海关总署. 海关总署 2007 年改革进展和 2008 年改革动态［J］. 财经界，2008（12）.

理工作，强化了总局的集中管理职能，提高了原产地证书签证工作效率，为检验检疫系统原产地业务管理的跨越式发展打下了扎实基础。

3. 原产地证书国际电子联网核查系统

2010年10月10日原产地证书国际电子联网核查系统实现了全面推广。该系统通过建立原产地业务信息的数据交换平台，定期或实时从原产地业务电子管理系统获取原产地证书信息、出口欧盟企业注册信息、原产地签证机构及其签证人员信息等；若要向国外官方机构发送原产地证书信息，系统中有多种状态可供选择；国外相关管理机构可以通过Internet网络登录本系统查询相关原产地证书信息，实现国际原产地证书的信息交换、查询统计、证书核查等，它的应用和推广有效地打击了证书造假的现象，维护了我国签证声誉。通过原产地证书国际电子联网核查系统，出口方和进口方的监管机构可实时从该系统获取原产地证书相关信息，例如，出口企业注册情况、我国原产地签证机构、签证人员的印章、签字笔迹等信息，以便进行核查。

三、实施环境

贸易便利化的顺利推行需要政府的支持、国内各部门的协调与配合。中国的政府以及相关部门在推动贸易便利化、无纸化贸易方面一直在不断地探索和努力，采取了很多促进贸易便利化的措施。例如，2001年中国政府明确提出实行大通关制度；各部门配合大通关制度而进行的电子口岸的建设；海关快速通关、便捷通关、绿色通道、动态分类管理等便利化措施；质检部门的绿色通道、直通放行、"产地检验，口岸出单"的出口通关模式和"口岸转检，属地报检"的进口通关模式；等等。这些制度和措施的采用极大地提高了我国贸易便利化的水平，提高了行政部门的工作效率，给企业提供了便利，节省了时间和费用。下面就介绍几个与贸易便利化实施密切相关的改革措施。

（一）大通关制度

2001年10月国务院办公厅下发了《关于进一步提高口岸工作效率的通知》，国务院领导明确指示"实行'大通关'制度，提高通关效率"。自2002年起国家全面推行"大通关"制度建设。"大通关"是提高口岸通关效率系统工程的简称，指通过运用电子化手段，改革现行的口岸货物通关流程，整合监管资源，建立统一的口岸数据平台，规范、畅通口岸进出口货物的信息流、单证流、货物流和资金流,实现口岸数据信息共享,建立"一站式""一条龙""一个窗口"等形式的口岸联合办公模式。"大通关"涉及海关、国检、港口、机场、税务、外管、银行、生产企业、运输企业、货主、代理等单位,是一个庞大而复杂的系统工程,需要各方面协同配合、统一步伐。大通关模式的实现可以为企业提供24小时通关服务,能够极大地提高口岸管理部门行政监管的能力和效率。

"电子口岸"数据信息系统是"大通关"主要业务流程全面无纸化的支持系统。目前中国正在进一步扩大"电子口岸"的覆盖领域,进一步拓展"电子口岸"在数据交换和共享上的广度和深度,在海关、政府管理部门、口岸单位、生产企业、商业企业及第三方物流企业等物流活动所涉及的各个环节都建立和完善"电子口岸"系统,逐步实现"大通关"主要业务流程在"电子口岸"的全程贯通和口岸通关、物流、商务管理的信息化。

上海作为"大通关"的试点,建成了互联互通、数据共享的口岸物流信息和电子商务平台,为所有口岸部门和企业提供服务。"大通关"在上海试点以后产生了很好的效果,最终向全国口岸推广。其主旨就是建立良好的关企合作、关贸合作关系,在信息化手段充分运用的基础上达到通关手续的简捷化和通关过程的便利化。电子口岸实现了运用服务于"大通关"的统一信息平台,经注册的企业可以通过电子口岸在网上进行申报,海关与相关政府部门、单位及主要商业银行不仅实现了信息交换和共享,也提高了通关效率,进而降低了企业的贸易成本。

(二) 海关无纸化通关

近几年,"无纸化通关"是中国海关科技创新和制度创新的产物,是一项全新的依赖高科技信息网络和通关流程高效运作的现代化通关措施。其实质是电子化通关过程中的无纸作业的环节,从而加速通关速度,提高货物的通关效率,使其更快速地投入生产和市场。因此,无纸化通关可以提高通关效率,降低贸易成本,提高企业的国际竞争力。

中国的无纸化通关改革始于20世纪90年代。在1994年的起始阶段,海关总署首先提倡在部分海关和企业试行EDI无纸报关,取得了积极的效果。到2001年,又在南京、杭州、上海、广州4个海关试行网上无纸化报关。实行无纸化通关必须将与通关有关的部门同海关内部、海关与其他口岸单位间的数据通过网络链接起来,以完成通关的各项任务。例如,通过与港务部门联网,在海关放行货物后,港务就可以凭海关放行系统信息和海关放行章办理提发货手续,杜绝利用假冒放行章走私行为的发生。同时,海关可以通过与港务的联网获取货物在库场中移动、存储过程中的相关信息和数据。此外,与质检、商务、银行等口岸相关部门的联网也能够减少审核通关单、许可证、外汇凭证的时间,在提高海关监管效能的同时优化通关环境。

(三) 电子检验检疫

电子检验检疫是中国电子政务12个重点信息系统之一,是"金质工程"的重要组成部分。电子检验检疫有三大功能:电子申报、电子监管、电子放行。

1. 电子申报

在实施电子申报前,进出口企业报检员必须携带有关资料到检验检疫机构前台申报。这种方式不仅费时、费力、费钱,还效率低,难以适应外贸快速发展的需要。在实施电子申报后,企业可自行进行高效的网上申报。既节约了时间,减少了人力,节省了费用,又提高了效率。目前,电子申报占全部申报量的40%。2010年全国检验检疫机构受理申报580万批,其中电子申报511万批,达88%。平均每批可为企业节省2小时。

2. 电子监管

电子监管是指质监部门对出口货物实施源头管理,推行过程检验、型式试验、抽批检验等全新的监管模式;同时,对进口货物实施提前申报、集中审核、快速查验、实货放行的监管模式。

3. 电子放行

电子放行是利用口岸电子执法系统和检验检疫广域网,实现检验检疫机构与海关之间、检验检疫产地机构和口岸机构之间在通关放行信息上的互联互通。电子放行功能体现在三个方面:

(1) 电子通关。在实施电子通关前,企业须派员到检验检疫机构领取《通关单》,再到海关报关,往返耗时,影响货物的通关放行速度。质检总局于2002年2月开发了电子通关系统,并于3月12日和5月10日通过口岸电子执法系统与海关总署在上海市和青岛市率先实施了电子通关,实现了两部门的数据共享,方便了企业,明显加快了货物的通关放行速度。到2010年电子通关范围已经扩大到包括广东、深圳在内的13个直属局和对应的17个海关。

(2) 电子转单。在实施电子转单前,出口货物由产地机构实施检验检疫后,企业须凭纸质换证凭单到口岸机构办理申报和换发《通关单》手续。在实施电子转单后，出口货物在产地完成检验检疫，即直接向口岸机构发送换证凭单电子信息，企业凭转单号和密码即可在口岸领取通关单。两次申报变为一次申报，既方便了企业，又加快了通关速度。如果再连接电子通关，那么便可实行自动放行了。

（3）绿色通道制度。为支持企业扩大出口，质检总局按照分类管理的要求，对安全质量风险小、诚信度高的出口企业实行了绿色通道制度。在绿色通道实施前，对产地已实施检验检疫的出口货物，口岸检验检疫机构按照1%~3%的规定比例实施口岸查验。为此，企业通常需要留出至少一天的时间准备查验，还要负担移箱费用。在绿色通道实施后，口岸检验检疫机构对这些企业的出口货物免于查验，直接向海关发送电子通关单，实现电子放行。这样，一是企业节省了至少1天的时间；二是企业节省了费用。

第三节　中国与世界其他经济体贸易便利化发展比较

自20世纪90年代中期以来，贸易便利化一直是WTO、APEC等组织以及各国政府积极讨论关于促进贸易自由化的另一个主题。中国在融入全球化的过程中，积极探索，从政府管理部门到一般贸易企业逐渐认识到贸易便利化在推动一国实现贸易稳定增长，促进经济繁荣方面的重要作用，而从上文可知，贸易便利化主要是通过降低贸易成本的渠道对贸易产生影响。那么经过多年的努力，中国所采取的各种贸易便利化政策措施是否在降低贸易成本方面发挥了作用呢？同世界其他地区经济体比较，中国目前的贸易便利化水平处于何种地位？下面我们主要借鉴世界银行每年发布的Doing Business报告所统计的数据来对上述问题进行解答。

从2003年开始，世界银行对全球超过100个经济体从事商业活动（Doing Business）监管环境的不同指标进行统计，从2004年开始，根据统计情况每年出版一期Doing Business报告，目的是对全球不同地区、不同经济体随着时间的推移从事商业活动所面临主要障碍的变化情况进行比较分析，以此对世界整体的商业环境有一个全面的把握和掌控，为未来促进全球商业环境的全面提升提供改革建议和政策启发。Doing Business 报告起初主要包括 5 个主题，分别是启动商业活动、雇用和解聘工人、履行合同、获得信贷、结束商业活动，并对 133 个经济体的商业监管情况进行了统计分析。而到 2013 年 Doing Business 报告已经扩展到 10 个主题，分别为启动商业活动、获得施工许可证、取得电能、财产登记、获得信贷、保护投资者、支付税赋、跨境贸易、履行合约以及破产处理。所统计的经济体也扩展到 185 个。其中从 2005 年开始增加了一个专门针对各地区、各经济体贸易便利化发展情况进行统计的主题"跨境贸易"，而从 2004 年第一期报告出版时，中国就在被统计经济体之列。因此，鉴于本书主要针对中国贸易便利化问题研究的主旨，我们将主要根据 Doing Business 报告中"跨境贸易"出口一个特定的 20 英尺集装箱所发生的时间或费用指标来度量中国进出口所耗费的成本，并将其同世界其他地区、经济体进行比较，以此对中国贸易便利化改革所带来的贸易成本降低以及中国贸易便利化水平在世界中所处的地位有一个更清晰的认识。

一、基于贸易便利化发展总体水平的比较

Doing Business 报告从 2007 年开始每年都对全球经济体前一年跨境贸易（"Trading across Border"）的便利化程度进行排名，例如，在 2007 年共对 174 个经济体贸易便利化水平进行排名，其中排名前 10 位的经济体分别为中国香港特别行政区、芬兰、丹麦、新加坡、挪威、爱沙尼亚、德国、加拿大、瑞典和阿联酋；排名后 10 位的经济体分别为刚果共和国、马里、津巴布韦、乌兹别克斯坦、赞比亚、布隆迪、哈萨克斯坦、吉尔吉斯共和国、尼日尔和卢旺达，这些经济体的具体排名见表 3-1。而 2013 年 Doing Business 报告共对 185 个经济体的贸易便利化水平进行排名，其中排名前 10 位的经济体分别为新加坡、中国香港特别行政区、韩国、丹麦、阿联酋、芬兰、爱沙尼亚、瑞典、巴拿马以及以色列；而排名后 10 位的经济体分别为尼日尔、布隆迪、阿富汗、伊拉克、乍得、刚果共和国、中非共和国、哈萨克斯坦、塔吉克斯坦以及乌兹别克斯坦，这些经济体的具体排名见表 3-2。从 2007 年和 2013 年所报告的经济体贸易便利化程度排名的情况比较来看，其中排名前 10 位的经济体中，有 7 个经济体是在这两个年度都赫然在位，这 7 个经济体分别为中国香港特别行政区、芬兰、丹麦、新加坡、爱沙尼亚、瑞典和阿联酋，这些经济体普遍经济发展水平比较高，例如，大部分经济体属于 OECD 高收入经济体，而且贸易自由化程度非常高，其中比较有代表性的是中国香港特别行政区和新加坡，两者都是全球闻名的自由港。中国香港特别行

政区具备世界一流的信息及通信科技基础设施以及开放、富竞争力和安全的环境,波士顿咨询公司在 2011 年 5 月发表报告,确定中国香港特别行政区作为世界领先数码城市的地位。该报告指出,政府大力支持兴建基础设施,加上采取开放的互联网政策,各行各业均能受惠于信息自由流通,互联网亦巩固了中国香港特别行政区作为全球贸易中心的地位。而新加坡在贸易便利化发展方面一直走在世界的前列,其单一窗口在 1986 年就开始实施,1989 年 1 月单一窗口完全实现。新加坡政府强制使用单一窗口,进出口的所有流程环节都经由 TradeNet 统一为一体,这为提高进出口效率提供了充足的硬件基础保障,而在 2007 年和 2013 年报告的贸易便利化程度排名后 10 位的经济体中,有 5 个经济体都处于贸易便利化发展的后 10 位之列,这 5 个经济体分别为刚果共和国、乌兹别克斯坦、布隆迪、哈萨克斯坦以及尼日尔,这些经济体普遍经济发展水平很低,属于中低收入经济体之列,且贸易自由化程度很低。

表 3-1 2007 年 Doing Business 报告的贸易最容易和最困难的经济体排名
(前 10 名和后 10 名)

最容易	排名	最困难	排名
中国香港特别行政区	1	刚果共和国	166
芬兰	2	马里	167
丹麦	3	津巴布韦	168
新加坡	4	乌兹别克斯坦	169
挪威	5	赞比亚	170
爱沙尼亚	6	布隆迪	171
德国	7	哈萨克斯坦	172
加拿大	8	吉尔吉斯共和国	173
瑞典	9	尼日尔	174
阿联酋	10	卢旺达	175
中国	38		

注:根据进口和出口一个标准 20 英尺的集装箱所花费的天数,所需要的单证数量以及所耗费成本的平均值获得贸易容易程度的排名。

资料来源:Doing Business 数据库。

表 3-2 2013 年 Doing Business 报告的跨境贸易最容易和最困难经济体排名
(前 10 名和后 10 名)

最容易	排名	最困难	排名
新加坡	1	尼日尔	176
中国香港特别行政区	2	布隆迪	177
韩国	3	阿富汗	178

续表

最容易	排名	最困难	排名
丹麦	4	伊拉克	179
阿联酋	5	乍得	180
芬兰	6	刚果共和国	181
爱沙尼亚	7	中非共和国	182
瑞典	8	哈萨克斯坦	182
巴拿马	9	塔吉克斯坦	184
以色列	10	乌兹别克斯坦	185
中国	68		

注：根据进口和出口一个标准20英尺的集装箱所花费的天数，所需要的单证数量以及所耗费成本的平均值获得贸易容易程度的排名。

资料来源：Doing Business 数据库。

2006~2013年，大多数经济体为了促进贸易便利化的发展不断探索，进行了大量便利化贸易的改革，例如，据 Doing Business 统计，在这期间内整个世界共进行了212项贸易便利化改革。其中东欧和中亚以及中东和北非进行这些改革的经济体所占的比例最大，在这两个地区，有83%的经济体实施了至少1项改革。拉丁美洲和加勒比地区进行改革的经济体的比例位居第二，共有73%的经济体实施了至少1项改革，紧接着是撒哈拉以南非洲地区，共有72%的经济体实施了至少1项改革。在东亚和太平洋地区实施贸易便利化的经济体所占的份额是63%，在南亚地区和OECD高收入经济体这一比例分别达到了50%和42%。

这些经济体进行便利化贸易的改革主要集中于三种（见表3-3），分别是使用电子数据交换系统、使用基于风险评估的检验检疫流程以及建立单一窗口。例如，伯利兹、智利、爱沙尼亚、巴基斯坦、土耳其等130个经济体都进行了有关电子数据交换系统方面的实践，摩洛哥、尼日利亚、帕劳、苏里南、越南等97个经济体实行了关于使用基于风险评估的检验检疫流程；而哥伦比亚、加纳、韩国、新加坡等49个经济体都建立了单一窗口来便利化进出口贸易的流程。

由于这些改革努力，Doing Business 统计发现世界整体的跨境贸易便利程度已大幅度提升。例如，单证的电子传输不仅加速了货物的清关，而且还减少了行贿的可能性。实施电子数据交换系统的经济体平均将清关货物的时间减少了3天。改革也有助于增加清关时间的可预测性。在巴基斯坦实施它的电子系统之前，只有4.3%的商品是在1天内清关的，1/4 的商品是清关花费1周。现在93%的商品是在1天内清关（Ahmad，2008），而电子数据交换系统使用的地方，应用风险管理来进行海关清关是另一个比较普遍的改革。据 Doing Business 统计，格鲁吉亚实施了基于风险评估的清关系统后,商品检疫的份额减少了10%。随着各经济体贸易便利化改革的推进,各个经济体越来越意识到一个便利化贸易的综合性方法的重要性,而单一窗口通过将相关的政府管理部门、运输部门以及企业连接起来,使贸易流程更加顺畅。例如,韩国通过单一窗口将69个政府机构以及私人部门联系在一起。在2006年,通过海运出口一个标准20英尺货物集装箱平均花费26天,平均进口花费30.4天。但是到2013年,在相同条件下出口一个标准20英尺集装箱平均只需花费22.2天,而进口平均只花费25天。分析显示,这些获利都有正向影响。有学者用从2005年以来的这些关于跨境贸易时间的数据同单位资本的GDP增长的数据拟合表明了减少4天在进口或出口方面是同平均0.1%的单位资本增长率相联系的(Eifert,2009;Djankov等,2006)。

表3-3 Doing Business对世界范围内好的贸易便利化措施的经验总结

主题	经验	经济体数量	举例
便利化贸易改革	使用电子数据交换系统	130	伯利兹、智利、爱沙尼亚、巴基斯坦、土耳其
	使用基于风险评估的检验检疫流程	97	摩洛哥、尼日利亚、帕劳、苏里南、越南
	建立单一窗口	49	哥伦比亚、加纳、韩国、新加坡

注:2011年有26个经济体拥有一个完全的电子数据交换系统,而104个经济体只有局部电子数据交换系统;有20个经济体拥有的单一窗口系统是将所有的政府机构联系在一起,而29个经济体的单一窗口系统只实现了部分政府机构的联通。

资料来源:2012年Doing Business报告。

中国的相关情况见表3-4。中国在2007年的贸易便利化程度排名中列第38位,处于中上水平,这同中国自2001年开始进行的一系列贸易便利化方面的改革有关。例如,2001年中国政府明确提出,实行大通关制度,此后各部门配合大通关制度而进行电子口岸的建设;实行了海关快速通关、便捷通关、绿色通道、动态分类管理等便利化措施以及质检部门的绿色通道、直通放行等措施。这些制度和措施的采用极大地提高了我国无纸化贸易的水平,提高了行政部门的工作效率,给企业提供了便利,节省了贸易的时间和费用。另外,中国属于东亚和太平洋地区,在2011年之前属于中低收入经济体,贸易便利化水平也一直处于世界的前50之列;而从2011年开始,中国开始步入中高收入经济体之列,但随着中国经济发展水平的不断提升,并没有带来中国同世界其他经济体相对贸易便利化水平的提高,从2011年开始,中国贸易便利化发展的相对水平不断下降,且下降幅度非常大,从2011年的排名第50位,下降到2013年的排名第68位,相比较于2007年报告的名次，其下降程度将近100个百分点，下降幅度非常大。究其原因，我们认为，一方面，是因为世界其他地区的很多经济体在最近几年贸易便利化水平提升速度相对加快导致；另一方面，更重要的是同中国在进行贸易便利化改革过程中所面临的困难有关。

我们分析主要存在三类困难：其一是利益相关体间合作和协调存在困难。例如，据我们向商务部、海关、贸促会和质检总局的调查显示，贸促会和海关已完全实现电子数据联网，而中国质检总局及各地方检验检疫局因同海关电子数据标准化方面不能有效协调，因此，目前仍未实现电子数据联网，信息共享程度仍然不足。其二是行政推动乏力，没有统一的领导机构。在我们就中国贸易便利化发展现状向相关部门进行调研的过程中，各专家和学者普遍反映中国推进贸易便利化进程在硬件基础设施和技术上问题不大，关键问题是缺乏强有力的统一领导机构去协调不同部门之间合作和协调。其三是配套法律法规支持不足、相关政策法规的宣传力度不够以及国际合作协调困难等。在法律法规方面，尽管2005年中国出台的《电子签名法》对推进贸易便利化进程提供了一定的法律保障，但要完全保证单证电子化的顺利运行，现行的法律法规仍然需要进行补充、修改和完善。另外，贸易便利化进程的推进涉及不同经济体之间的法律协调问题，例如，电子单证的法律效力问题、贸易争端解决机制等，这就涉及中国同其他经济体的合作问题。与境内部门间的合作相比，经济体之间的合作更为困难，协调成本更高。尽管在推进贸易便利化过程中存在很多困难，但这也进一步说明了中国的贸易便利化进程不仅需要进一步深化，同时贸易便利化的发展也还有很大的上升空间。

表3-4 中国2006~2013年跨境贸易所需单证数量、所耗费的时间和成本

类别 年份	排名	出口所需文件数（个）	出口所花费的时间（天）	出口所耗费的成本（美元/集装箱）	进口所需文件数（个）	进口所花费的时间（天）	进口所耗费的成本（美元/集装箱）	单位资本的GNP（美元）	收入分类
2006	—	6	18	335	12	22	375	—	中低收入
2007	38	7	21	390	6	24	430	1742	中低收入
2008	42	7	21	390	6	24	545	2010	中低收入
2009	48	7	21	460	6	24	545	2360	中低收入
2010	44	7	21	500	5	24	545	2775	中低收入
2011	50	7	21	500	5	24	545	3620	中高收入
2012	60	8	21	500	5	24	545	4260	中高收入
2013	68	8	21	580	5	24	615	4930	中高收入

资料来源：根据2006~2013年Doing Business报告整理而得。

二、基于贸易便利化发展不同纬度指标的比较

对各经济体"跨境贸易"情况的分析是基于海运出口和进口一个标准 20 英尺集装箱货物所花费的时间和成本（关税排除在外）统计得到的。实际上，边境流程、不充足的硬件基础设施以及缺乏可靠的物流服务经常意味着高的交易成本以及长时间的延迟，特别是对内陆经济体而言（Arvis 等，2010）。在出口或进口时耗费的成本越多，时间越长，当地企业参与世界竞争就会变得越困难。一个在撒哈拉以南非洲所进行的研究显示，内陆的运输时间减少 1 天能够增加 7% 的出口（Freund 和 Rocha，2011）。

具体而言，对进口、出口过程中完成每个官方流程都必须花费的时间、所需要的单证以及所耗费的成本是从两个主体之间合同的签署到商品运输的整个过程所耗费的成本都进行一一记录。对出口商品而言，流程的范围是从生产商的仓库开始打包到集装箱离开港口开始启程的整个过程。对进口商品而言，流程的范围是从货船到达港口再到承运人将商品运到仓库的整个过程。另外，海运的时间和成本不被统计在所需的时间内。进出口支付是信用证项下进行支付，因此，信用证通知和签发所花费的所有时间、成本以及所需要的所有单证都被统计在内。而最终关于跨境贸易便利程度的排名是这三项指标的简单平均。

为了对中国目前的贸易便利化发展水平有一个更深入的认识，下面分别从进出口一个标准 20 英尺集装箱货物所需要的单证数量、花费的时间以及所耗费的成本三个方面来进一步分析中国贸易便利化在整个世界中所处的地位。

（一）基于进出口所需要的单证数的维度

每次进出口货物所要求的所有单证如表 3-5 所示。首先，它假定交易双方已签署交易合同；其次，被政府行政部门、海关、权威机构、健康和技术控制机构以及银行所要求清关的所有的单证都被考虑在内；再次，因为是用信用证支付，所以所有被银行所出具或用以保证信用证安全使用的单证也都被考虑在内；最后，每年被要求更新的以及不是每次运输所要求的单证并不被包括在内。

表 3-5 跨境贸易指标需要测的项目

	进出口所要求的单证数量（个）
银行单证	
海关清关单证	
港口及码头装卸的单证	
运输单证	
	进出口所要求的时间（天）
获得所有的单证	
内陆运输及装卸	
海关清关及检验检疫	
港口及码头装卸	
不包括海运的时间	
	进出口所耗费的成本（美元/集装箱）
所有单证	
内陆运输及装卸	
海关清关及检验检疫	
港口及码头装卸	
官方成本，无行贿	

资料来源：根据 2013 Doing Business 报告整理而得。

从各国的统计来看，2006年进出口所需要的单证数最少的前10位国家和所需要单证数最多的前10位国家见表3-6。在出口方面，这些经济体所需要单证最少数量是2个（中国香港特别行政区），出口所需要的单证最大数量是16个（赞比亚），其中排名最后和排名第一的经济体出口商品所需要的单证数相差7倍，而从历年统计来看，这一指标的最优值也是2个，中国在2006年这一指标值是6个，从绝对值上来看，处于中上水平，而中国的几个主要贸易伙伴国，例如，奥地利、芬兰、法国、德国、挪威都位于所需单证数最少的前10位，且这几国的指标值都是4个；日本、韩国和美国也比较少，分别有5个、5个和6个，但印度的这一指标值比较大，达到了10个，说明中国在这一指标上落后于其大部分主要贸易伙伴国。进口方面，所需单证最少数量是2个（中国香港特别行政区），所需要的单证最大数量是20个（卢旺达），其中排名最后和排名第一的经济体进口商品所需要的单证数相差9倍。而从历年统计来看，这一指标的最优值也是2个，中国在2006年这一指标值是12个，处于中下水平，而中国的几个主要贸易伙伴国这一指标值都小于中国，例如，法国有5个、德国有4个、美国有5个、日本有7个、韩国有8个，而中国的另一主要贸易伙伴国印度的这一指标值却超过中国，达到了15个，说明中国在这一指标上远高于其大部分主要贸易伙伴国。

表 3-6　2006 年经济体进出口所需单证数排名

出口单证数量（个）				进口单证数量（个）			
最少		最多		最少		最多	
中国香港特别行政区	2	刚果共和国	12	中国香港特别区	2	哈萨克斯坦	18
加拿大	3	厄瓜多尔	12	基里巴斯	2	吉尔吉斯共和国	18
丹麦	3	老挝	12	丹麦	3	乌兹别克斯坦	18
基里巴斯	3	苏丹	12	芬兰	3	中非共和国	19
坦桑尼亚	3	乌干达	12	瑞典	3	科特迪瓦	19
奥地利	4	哈萨克斯坦	14	加拿大	4	伊拉克	19
芬兰	4	卢旺达	14	爱尔兰	4	尼日尔	19
法国	4	塔吉克斯坦	14	荷兰	4	乌干达	19
德国	4	吉布提	15	挪威	4	赞比亚	19
挪威	4	赞比亚	16	英国	4	卢旺达	20
中国	6			中国	12		
最优指标值	2			最优指标值	2		

资料来源：根据各年 Doing Business 报告整理而得。

2013 年，进出口所需要的单证数最少的前 10 位国家和所需要单证数最多的前 10 位国家见表 3-7。在出口方面，所需要单证最少数量是 2 个（法国），出口所需要的单证最大数量是 13 个（乌兹别克斯坦），其中排名最后和排名第一的经济体出口商品所需要的单证数相差将近 6 倍，与 2006 年相比，经济体之间的差距在缩小，而中国在 2013 年这一指标值是 8 个，从绝对值跨国比较来看，处于中下水平，跟 2006 年比较，所需单证数有所增加，而中国的几个主要贸易伙伴国中，法国有 2 个、日本有 3 个、韩国有 3 个，处于所需单证最少的前 10 位，这 3 个经济体与 2006 年相比所需单证数量都减少；而美国所需单证数量从 6 个减为 4 个，德国保持不变仍为 4 个，印度则从 10 个减为 9 个，从总体上来看，这一指标中国仍然落后于其几个主要贸易伙伴国，且差距在拉大。进口方面，所需单证最少数量是 2 个（法国），所需要的单证最大数量是 17 个（中非共和国），其中，排名最后和排名第一的经济体进口商品所需要的单证数相差将近 8 倍。而中国在 2013 年这一指标值是 5 个，处于中上水平，且比 2006 年有了极大提升。中国的几个主要贸易伙伴国，例如，法国、韩国都处于所需单证数量最少的经济体的前 10 位，且这两个经济体这一指标的下降幅度非常大，分别从 2006 年的 5 个和 8 个，下降到 2013 年的 2 个和 3 个；而印度和日本两个经济体这一指标同 2006 年相比也降低了，分别从 15 个降到 11 个，从 7 个降到 5 个，而美国这一指标则同 2006 年保持一致，仍然是 5 个；德国的这一指标值却比 2006 年有所增加，从 4 个增加到 5 个。说明同几个主要贸易伙伴国相比，中国在这一指标上处于中下水平,从提升程度上来看,2013年同2006年相比贸易便利化水平大幅度下降,且下降的程度远超于其主要贸易伙伴国。说明中国2006~2013年,在单证申请和使用的流程上尽管采取了一系列措施简化流程,但无论从所需要单证的绝对数量还是同主要贸易伙伴国相比的相对数量来看,其所采取的措施并没有达到预期的效果,进出口所需单证的数量仍然是未来贸易便利化政策应该关注的领域。

表3-7 2013年经济体进出口所需单证数排名

出口单证数量(个)				进口单证数量(个)			
最少		最多		最少		最多	
法国	2	阿富汗	10	法国	2	乍得	11
加拿大	3	布基纳法索	10	丹麦	3	尼日尔	11
爱沙尼亚	3	科特迪瓦	10	韩国	3	俄罗斯	11
日本	3	伊拉克	10	巴拿马	3	塔吉克斯坦	11
韩国	3	安哥拉	11	瑞典	3	不丹	12
巴拿马	3	喀麦隆	11	中国香港特别行政区	4	喀麦隆	12
瑞典	3	刚果共和国	11	以色列	4	厄立特里亚	12
芬兰	4	尼泊尔	11	荷兰	4	哈萨克斯坦	12
中国香港特别行政区	4	塔吉克斯坦	11	新加坡	4	乌兹别克斯坦	14
新加坡	4	乌兹别克斯坦	13	英国	4	中非共和国	17
中国	8			中国	5		
最优指标值	2			最优指标值	2		

资料来源:根据各年 Doing Business 报告整理而得。

(二)基于进出口所耗费的时间维度

从对各国的统计来看,2006年进出口所耗费的时间最少的前10位国家和所耗费时间最多的前10位国家见表3-8。在出口方面,这些经济体所耗费时间最少的是3天(爱沙尼亚),出口所耗费时间最多的是105天(伊拉克),其中排名最后和排名第一的经济体出口商品所需要的单证数相差34倍。而从历年统计来看,这一指标的最优值也是3天,而中国在2006年这一指标值是21天。中国的几个主要贸易伙伴国,例如,德国位于所耗费天数最少的前10位,且其这一指标值是6天,而法国是15天、印度是27天、日本是11天、韩国是12天、美国是9天,除印度外,其他几个国家所耗费的天数都要小于中国,说明中国在这一指标上落后于其大部分主要贸易伙伴国。而进口方面,所耗费天数最少是3天(新加坡),所耗费天数最大的是139天(乌兹别克斯坦),其中排名最后和排名第一的经济体进口商品所需要的单证数相差竟然高达将近40倍。而从历年统计来看这一指标的最优值也是 3 天，而中国在 2006 年这一指标值是 24 天，法国、德国、日本、韩国和美国的这一指标值都远小于中国，其指标值分别为法国 15 天、德国 6 天、日本 11 天、韩国 12 天，而中国的另一主要贸易伙伴国印度的这一指标值却超过中国，达到了 41 天，说明中国在这一指标上远高于其大部分主要贸易伙伴国。

表 3-8 2006 年各经济体进出口所需时间排名

出口时间（天）				进口时间（天）			
最少		最多		最少		最多	
爱沙尼亚	3	老挝	66	新加坡	3	哈萨克斯坦	87
丹麦	5	阿塞拜疆	69	丹麦	5	阿富汗	88
德国	6	布基纳法索	69	爱沙尼亚	5	尼日尔	89
中国香港特别行政区	6	厄立特里亚	69	中国香港特别行政区	5	刚果共和国	92
立陶宛	6	塔吉克斯坦	72	德国	6	卢旺达	95
新加坡	6	安哥拉	74	瑞典	6	乍得	111
瑞典	6	布隆迪	80	芬兰	7	布隆迪	124
加拿大	7	乍得	87	挪威	7	吉尔吉斯共和国	127
芬兰	7	哈萨克斯坦	93	基里巴斯	8	伊拉克	135
挪威	7	伊拉克	105	荷兰	8	乌兹别克斯坦	139
中国	21			中国	24		
最优指标值	3			最优指标值	3		

资料来源：根据各年 Doing Business 报告整理而得。

2013 年，进出口所耗费时间最少的前 10 位国家和所需要天数最多的前 10 位国家见表 3-9。在出口方面，所耗费时间最少的是 5 天，其中有 4 个经济体都达到了这一水平，分别是丹麦、爱沙尼亚、中国香港特别行政区和新加坡，出口所耗费时间最多的是 81 天（哈萨克斯坦），其中排名最后和排名第一的经济体出口所耗费时间相差超过 15 倍。与 2006 年相比，经济体之间的差距在缩小。中国在 2013 年这一指标值是 21 天，跟 2006 年比较，所耗费的天数有所增加。德国和美国都处于所耗费天数最少的经济体的前 10 位，且这两个经济体这一指标同 2006 年相差不大，在 2013 年分别是 7 天和 6 天；而法国、印度、日本和韩国出口所耗费的时间都比中国要少，其值分别为法国 9 天、印度 16 天、日本 10 天以及韩国 7 天，且这几个国家同 2006 年的同一指标相比都有所提升，且法国和印度的提升都非常大。说明同几个主要贸易伙伴国相比，中国在这一指标上远落后于主要贸易伙伴国，2013 年同 2006 年相比，中国的主要贸易伙伴国大都有所下降，中国不降反升，说明中国未来在减少进出口所耗费的时间方面仍然还有很多工作要做，中国的贸易便利化进程任重而道远。

表3-9 2013年各经济体进出口所需时间排名

出口时间（天）				进口时间（天）			
最少		最多		最少		最多	
丹麦	5	津巴布韦	53	新加坡	4	尼日尔	64
爱沙尼亚	5	中非共和国	54	塞浦路斯	5	哈萨克斯坦	69
中国香港特别行政区	5	尼日尔	59	丹麦	5	委内瑞拉	71
新加坡	5	吉尔吉斯共和国	63	爱沙尼亚	5	塔吉克斯坦	72
荷兰	6	塔克斯坦	71	中国香港特别行政区	5	津巴布韦	73
美国	6	阿富汗	74	美国	5	吉尔吉斯共和国	75
德国	7	乍得	75	荷兰	6	阿富汗	77
卢森堡	7	伊拉克	80	瑞典	6	伊拉克	82
挪威	7	乌兹别克斯坦	80	英国	6	乌兹别克斯坦	99
英国	7	哈萨克斯坦	81	卢森堡	7	乍得	101
中国	21			中国	24		
最优指标值	3			最优指标值	3		

资料来源：根据各年 Doing Business 报告整理而得。

（三）基于进出口所耗费的成本的维度

进出口所耗费的成本测度了运送一个20英尺的集装箱货物所花费的费用。具体而言，第一，所有同完成出口或进口商品相关的费用都被包括在内。这些费用包括单证成本、海关清关行政及技术费用、码头装卸处理费以及内陆运输的费用。第二，这些成本并不包括海关关税以及海运运输费用。只有官方成本被记录。

从对各国的统计来看，2006年进出口所耗费成本最少的前10位国家和最多的前10位国家见表3-10。在出口方面，这些经济体所耗费成本最少是265美元（汤加），出口所耗费成本最大是4300美元（塔吉克斯坦），其中排名最后和排名第一的经济体出口商品所耗费成本相差将近16倍。而从历年统计来看，这一指标的最优值也是265美元，中国在2006年这一指标值位列所需成本最少的第2位，其值是335美元。而中国的几个主要贸易伙伴国都要远高于中国，法国是886美元、德国是731美元、印度是864美元、日本是789美元、韩国是780美元、美国是625美元，说明中国在这一指标上远小于其主要贸易伙伴国。而在进口方面，所耗费成本最少数是333美元（新加坡），所耗费成本最大是4565美元（津巴布韦），其中排名最后和排名第一的经济体进口商品所耗费成本相差将近13倍。从历年统计来看，这一指标的最优值也是265美元，中国在2006年列所耗费成本最少的第3位，其值是375美元，中国的几个主要贸易伙伴国这一指标值都远大于中国，例如，法国是886美元、德国是750美元、印度是1244美元、日本是 847 美元、韩国是 1040 美元、美国是 625 美元。中国在这一指标上的表现要远优于其主要贸易伙伴国。可见，中国自 2001 年加入 WTO 后，不仅在关税方面不断给贸易伙伴国提供各种优惠，而且在减少进出口过程中所涉及的各种行政费用方面也做了很大的努力，并取得了令世界瞩目的效果。

表 3-10 2006 年各经济体进出口所需成本排名

出口成本（美元/集装箱）				进口成本（美元/集装箱）			
最少		最多		最少		最多	
汤加	265	哈萨克斯坦	2780	新加坡	333	尼日尔	3266
中国	335	蒙古	3007	汤加	360	刚果共和国	3308
以色列	340	刚果	3120	中国	375	塔吉克斯坦	3550
新西兰	355	津巴布韦	3175	阿联酋	398	圭亚那	3656
新加坡	382	圭亚那	3606	芬兰	420	布隆迪	3705
阿联酋	392	布隆迪	3625	中国香港特别行政区	425	毛里塔尼亚	3733
斐济	418	毛里塔尼亚	3733	马来西亚	428	乌兹别克斯坦	3970
芬兰	420	卢旺达	3840	冰岛	443	加蓬	4031
冈比亚	422	加蓬	4000	挪威	468	卢旺达	4080
中国香港特别行政区	425	塔吉克斯坦	4300	冈比亚	494	津巴布韦	4565
最优指标值	265			最优指标值	265		

资料来源：根据各年 Doing Business 报告整理而得。

2013 年，进出口所耗费成本最少的前 10 位经济体和所耗费成本最多的前 10 位经济体见表 3-11。在出口方面，所耗费成本相差的最少值是 435 美元（马来西亚），出口所耗费成本最多值是 8450 美元（塔吉克斯坦），其中排名最后和排名第一的经济体出口商品所耗费成本相差超过 20 倍，与 2006 年相比，经济体之间的差距在扩大，且排名第一的经济体和排名最后经济体的出口所耗费成本值都比 2006 年有所增加，且增加幅度非常大，说明从世界整体范围来看，出口成本在不断增加。中国在 2013 年这一指标值是 580 美元，排名比 2006 年有所下降，尽管成本有了较大增加，但仍然处于出口所花费成本最少的经济体排名前 10 位。而中国的几个主要贸易伙伴国其值仍然要远高于中国，其中法国、德国、印度、日本、美国其值分别为 1078 美元、872 美元、1120 美元、880 美元、1090 美元，同 2006 年相比，成本都有大幅度增加；而韩国在 2013 年的这一指标值为 665 美元，同 2006 年相比有所下降，从总体上来看，这一指标中国仍然远优于其几个主要贸易伙伴国。而在进口方面，所耗费成本最少值是 420 美元（马来西亚），所耗费成本最大值是 9800 美元（塔吉克斯坦），其中，排名最后和排名第一的经济体进口商品所需要的单证数相差将近 23 倍。同 2006 年相比，最少值和最多值之间的差距显著扩大,中国在 2013 年这一指标值是 615 美元,成本值比 2006 年显著增加,排名也有所下降,但仍处于表现最好的前 10 位经济体之列。而中国的几个主要贸易伙伴国这一指标值仍远高于中国,例如,法国、德国、日本、美国的值分别为 1248 美元、937 美元、970 美元、1315 美元,同 2006 年相比,成本都有大幅度增加;而印度和韩国的成本值分别是 1200 美元和 695 美元,且比 2006 年有所下降,尤其以韩国下降幅度最大。说明同几个主要贸易伙伴国相比,虽然中国在这一指标上要远低于贸易伙伴国,但因最近几年韩国和印度不断推进本国的贸易便利化进程,且积极参与国际合作,使两者在贸易便利化发展方面收效显著,与中国的水平在不断拉近。因此,对中国而言,不仅应该在简化贸易流程、降低进出口所花费时间方面采取更加积极有效的改革,而且也应该在处于世界领先地位的进出口所耗费成本方面继续保持自身的优势,并积极向更先进的经济体获取经验,以此保持自身的竞争优势,促进本国贸易更加平稳健康发展。

表 3-11 2013 年各经济体进出口所需成本排名

出口成本(美元/集装箱)				进口成本(美元/集装箱)			
最少		最多		最少		最多	
马来西亚	435	阿富汗	3545	马来西亚	420	哈萨克斯坦	4665
新加坡	456	伊拉克	3550	新加坡	439	吉尔吉斯共和国	4700
芬兰	540	尼日尔	3676	中国香港特别行政区	565	乌兹别克斯坦	4750
中国香港特别行政区	575	刚果共和国	3818	以色列	565	卢旺达	4990
摩洛哥	577	吉尔吉斯共和国	4160	圣多美和普林西比	577	布隆迪	5005
中国	580	乌兹别克斯坦	4585	阿联酋	590	津巴布韦	5200
菲律宾	585	哈萨克斯坦	4685	越南	600	中非共和国	5554
泰国	585	中非共和国	5491	中国	615	刚果共和国	7709
拉脱维亚	600	乍得	5902	芬兰	620	乍得	8525
越南	610	塔吉克斯坦	8450	斐济	635	塔吉克斯坦	9800
最优指标值	333			最优指标值	265		

资料来源:根据各年 Doing Business 报告整理而得。

第四节 中国推进贸易便利化国际合作
——以中国参与 APEC 跨境电子原产地证书传输为例

近年来中国在双边、区域和多边合作中积极推进国际贸易便利化进程,并在无纸化贸易实现的过程中实施了一系列的政策和措施,取得了一定的成绩。例如,区域性优惠原产地证书是具有法律效力的,在协定成员国之间有特定产品享受互惠减免关税待遇的官方凭证。目前我国检验检疫机构签发的区域性优惠原产地证共有11种,即中国—东盟优惠原产地证书、亚太贸易协定原产地证书、内地与港澳关于建立更紧密经贸关系的安排下的优惠原产地证书、中国—非洲最不发达国家特别优惠关税待遇的原产地证、中国—巴基斯坦优惠贸易安排原产地证书、中国—智利自贸区优惠原产地证书、中国—新西兰自贸区优惠原产地证书、中国—新加坡自由贸易区优惠原产地证书、中国—秘鲁自贸区优惠原产地证书、中国—东南亚国家联盟全面经济合作框架协议下的优惠原产地证书以及海峡两岸经济合作框架协议下的优惠原产地证书。另外,2001年中国国际电子商务中心加入PAA(泛亚电子商务联盟),涉足泛亚地区跨境商业单证交换;2002年APEC、ECBA(APEC电子商务工商联盟)成立,秘书处驻中国,这标志着中国电子商务的地位在国际上越来越重要。总之,中国积极参与区域性的金融、贸易和经济合作,不断签订新的贸易协定,区域性优惠的产品范围和幅度不断增加;积极与国外电子商务公共服务平台开展合作,推动电子商务、电子政务的发展。

发展电子商务、推动无纸化贸易是APEC贸易便利化进程的重要内容。无纸化贸易是国际电子商务的一种形式,不仅能够大量减少传统贸易中的各种纸质文件和单据,也能降低贸易成本、提高贸易效率。为了推动无纸化贸易,APEC实施了多项具体行动和措施。早在1998年,APEC就在《APEC电子商务行动蓝图》中提出了发达成员在2005年、发展中成员在2010年实现无纸化贸易的目标。2004年,在APEC第16届部长级会议上,电子商务指导小组提出的《APEC跨境无纸化贸易行动战略》进一步为APEC跨境无纸化贸易的实现制定了详细的行动框架和时间表。按计划,至2006年感兴趣的经济体可参与电子原产地证书跨境传输的"探路者"项目。静态而言,电子原产地证书(Electronic Certificate of Origin,e-CO)即电子形式的原产地证书,包含纸质原产地证书的相同信息。动态而言,e-CO是指原产地证书的电子化过程以及跨部门、跨国境的网上传输。作为《APEC跨境无纸化贸易行动战略》的一部分——e-CO的跨境传输,因其韩国—中国台湾"探路者"项目在2010年的成功实现以及产生的巨大社会效益和经济效应,吸引了包括中国在内的APEC其他经济体的目光,这些经济体都表现出极大的兴趣,并希望加入。

近年来,虽然中国在推进无纸化贸易过程中采取了一系列政策和措施,并取得了一定成绩，但在无纸化贸易实现所需的环境方面仍面临很多困难和障碍。中国参与APEC跨境无纸化贸易合作，实施e-CO跨境传输的前提是需要借鉴韩国—中国台湾e-CO"探路者"项目的经验，把握目前在中国实施这一项目所处的环境，并找出限制e-CO跨境传输实现的各种困难和障碍，从而采取政策措施为实现e-CO的跨境传输扫清障碍。

一、韩国—中国台湾e-CO"探路者"项目经验介绍

（一）项目背景

e-CO跨境传输是《APEC跨境无纸化贸易行动战略》的重要组成部分，且一直是APEC电子商务指导组（APEC e-Commerce Steering Group，APEC-ECSG）最活跃的"探路者"项目之一。2002年"APEC贸易便利化行动计划"（以下简称TFAP I）曾提出实现原产地证电子化。2004年，APEC-ECSG会议上，新加坡和韩国提交了《电子原产地证实施计划》。2004年12月，韩国工商能源部（Ministry of Commerce, Industry and Energy, MOCIE）、韩国国际贸易协会（Korea International Trade Association, KITA）、KTNET公司与中国台湾对外贸易局（Bureau of Foreign Trade, BOFT）、关贸网路公司（Trade-Van）举行会议，达成了实施e-CO跨境传输的合作协议。2005年1月，双方举行会议，讨论e-CO跨境传输的实施方案，决定按照《京都协议》简化贸易流程，为实施e-CO做准备。同时，这次会议提出PKI/CA交叉认证在电子贸易单证数据跨境传输的重要性。2005年4月，双方举行第一次双边正式会议，成立了项目团队，并对项目时间进度做了规划。2007年，采用ebXML2.0语言标准，双边系统实现互联，并进行了e-CO跨境传输测试。经过双方多年合作与努力，终于在2010年5月13日实现了e-CO跨境传输。

2010年，《促进APEC地区贸易便利化的无纸化贸易评估报告》对韩国—中国台湾e-CO"探路者"项目进行了介绍，该项目被认定为APEC无纸化贸易跨境电子文件传输的最佳案例。本节结合韩国—中国台湾e-CO"探路者"项目的实践，对实施e-CO的经验进行总结。

（二）韩国—中国台湾实施e-CO后对贸易流程的改进

实施e-CO大大简化了原产地证相关程序，有力推动了韩国和中国台湾无纸化贸易进程。实施e-CO后贸易流程的改善（见表3-12），主要体现在以下

几个方面。

表 3-12 实施 e-CO 对贸易流程的改善

	贸易流程改善之处
韩国出口商	消除了原产地证的认证环节 消除了原产地证的邮寄程序 保障原产地证真实性，简化了核查程序
中国台湾进口商或报关行	节省了等待原产地证的时间 消除了向海关提交纸质原产地证的环节 保障原产地证真实性，简化了核查程序
双方管理部门	消除了原产地证的认证环节 保障原产地证真实性，简化了核查程序

资料来源：作者根据搜集资料总结而来。

1. 对于韩国出口企业而言

实施 e-CO 保障了原产地证的真实性，从而省去了去中国台湾驻首尔办事处认证原产地证的程序，节约了大量时间。中国台湾进口海关可以直接进入韩国 e-CO 系统查询原产地证，使韩国出口商节约了提供相关证明的时间和成本。此外，韩国出口商通过网络系统直接将 e-CO 传输至进口企业或报关行，从而免除了邮寄原产地证的程序。表 3-13 和表 3-14 展示了实施 e-CO 以后，韩国和中国台湾的外贸企业每 TEU[①] 货物贸易成本的降低程度。实施 e-CO 之后，准备单证和通关与技术控制的成本都大幅降低。对出口商而言，总费用从 1253 美元/TEU 降低至 979 美元/TEU，降低了 22%；对进口商而言，总费用从 1173 美元/TEU 降低至 760 美元/TEU，降低了 35%。可见，实施 e-CO 对降低贸易成本作用非常显著。

表 3-13 韩国出口商贸易成本降低额度　　　　单位：美元/TEU

美元/TEU	准备单证	通关与技术控制	港口与码头装卸	内陆运输与装卸	总费用
实施 e-CO 之前	210	175	284	584	1253
实施 e-CO 之后	27	84	284	584	979
降低额度	183	91	0	0	274
降低程度（%）	87	52	0	0	22

资料来源：根据"Draft Final Report for Reducing Trade Transaction Costs in APEC through Electronic Commerce: A Case Study of Electronic Certificate of Origin (e-CO), by ECSG PTS (Electronic Commerce Steering Group / Paperless Trading Subgroup), 2011"整理所得。

---

① TEU 是英文 Twenty-foot Equivalent Unit 的缩写，表示长度为 20 英尺的集装箱的国际计量单位，也称国际标准箱单位。

表 3-14　中国台湾进口商贸易成本降低额度　　　单位：美元/TEU

美元/TEU	准备单证	通关与技术控制	港口与码头装卸	内陆运输与装卸	总费用
实施 e-CO 之前	195	371	311	297	1173
实施 e-CO 之后	92	60	311	297	760
降低额度	103	310	0	0	413
降低程度（%）	53	84	0	0	35

资料来源：根据"Draft Final Report for Reducing Trade Transaction Costs in APEC through Electronic Commerce: A Case Study of Electronic Certificate of Origin (e-CO), by ECSG PTS (Electronic Commerce Steering Group / Paperless Trading Subgroup), 2011"整理所得。

2. 对于进口企业而言

进口企业通过网络方式接受 e-CO，相比纸质原产地证，将会节省大量时间。同时，中国台湾进口企业将 e-CO 通过网络系统传输给报关行，报关行直接通过电子方式申请报关，无须将纸质原产地证提交给海关，简化了报关流程。此外，实施 e-CO，保障了原产地证的真实性，简化了核查程序，也有利于中国台湾的进口企业。

3. 对于双方管理部门而言

首先，消除了原产地证的认证环节；其次，简化了原产地证的核查程序，同时保障了原产地证的真实性。

(三) 韩国—中国台湾实施 e-CO 的经验

1. 管理当局驱动对 e-CO 的实施具有决定作用

由于政治、经济、文化环境各异，不同经济体对实施 e-CO 的认识和态度不同，这决定了管理当局是否会为实施 e-CO 制定相关政策，进行必要的机构改革，并提供相应的政策支持。韩国和中国台湾都是 APEC 无纸化贸易发展水平很高的地区，管理当局在无纸化贸易发展过程中起着领导和推动作用。以韩国为例，为了推动无纸化贸易发展，韩国专门成立相关管理部门，例如，2004 年成立的"电子贸易便利化委员会"直接对韩国总理负责；KITA 曾于 1991 年成立 KTNET，并被 MOCIE 认定为韩国无纸化贸易的技术服务提供商。鉴于 e-CO 在促进无纸化贸易进程、降低贸易成本方面的重要作用，韩国和中国台湾一直非常支持实施 e-CO 跨境传输。

2. 法律环境建设是实施 e-CO 的保证

实施无纸化贸易是利用现代手段对传统贸易方式进行改造，因此应当保证法律环境能够适应新型的贸易模式。这些法律规章不仅涉及 e-CO 本身，也涉及电子文件合法有效性、数据传输安全、责任认定和贸易争端解决等多个方面。韩国和中国台湾关于无纸化贸易和电子商务的法律方面的规定较为完善,例如,双方经济体都有关于电子签名的法律方面的规定,保证了电子文件与纸质文件相同的法律效力。另外,还有无纸化贸易方面的专门法律规定,例如,韩国实行的《电子交易法案》《电子贸易促进法案》等。此外,韩国和中国台湾的技术服务商都是 PAA 成员方,韩国和中国台湾 e-CO 项目采用了 PAA 的法律框架。PAA 已于 2003 年建立电子贸易单证跨境传输稳定的法律框架,涉及双方责任的认定、服务水平和相关贸易争端解决流程等。

3. 硬件和软件技术支持是实施 e-CO 的基础

实施 e-CO 需要一定的硬件技术支持和公共网络设施作为基础。此外,为保证 e-CO 数据安全传输,还需要建立 CA 中心,并能在 PKI 相互认证基础上提供国际 CA 认证服务。韩国与中国台湾都是 APEC 区内无纸化贸易发展水平较高的经济体,具备实施 e-CO 的硬件环境和硬件技术支持。

另外,实施 e-CO 需要一定的软件技术支持。首先,经济体内部需要建立起较为完善的 e-CO 系统,实现原产地证电子申请和签发以及电子通关等;其次,为保障数据传输安全,需要经济体采用基于 PKI 的电子认证技术;最后,实施 e-CO 涉及贸易流程的简化以及一些相关数据和通信技术标准,因此,采用相应的国际标准对顺利实施 e-CO 具有重要意义。KTNET 和 TRADE VAN 分别是韩国和中国台湾无纸化贸易的技术服务提供商,两者均是 PAA 成员,在无纸化贸易和电子贸易单证跨境传输领域处于领先地位,为韩国—中国台湾 e-CO 项目提供技术服务。此外,韩国与中国台湾内部网络基础设施比较完善,e-CO 相关系统建设比较先进。例如,2006 年韩国便已经实现了原产地证的网上申请和签发,境内 e-CO 系统比较完善。中国台湾也已经实行电子申请报关。实施 e-CO,需要具有保证数据传输安全的 PKI 技术。就韩国—中国台湾 e-CO 项目而言,双方已经在 PAA 框架下实现了基于 PKI 的 CA 交叉认证,可以保障网上跨境传输数据的安全性。在韩国—中国台湾 e-CO 项目中,双方按照《京都协议》简化贸易流程,对原产地证的内容和格式进行了规范,对 e-CO 的数据进行标准化。在采用网络传输 e-CO 时,双方系统的对接采用 ebMS v2.0。ebMS v2.0 是 ebXML 系统框架中的底层部分,实现了商务贸易过程中消息的安全和可靠传输。

4. 境内相关部门之间的协调和合作是顺利实施 e-CO 的关键所在

实施 e-CO 需要改变管理部门的思想观念和工作方式,涉及许多相关利益主体，可能还会损害某些部门的利益，因此，顺利实施 e-CO 需要相关部门之间的有效配合。韩国 e-CO 项目团队包括双方各个相关机构的代表（见表 3-15），例如，韩国的 KCCI、MOICE、KITA、KTNET 公司，中国台湾的 BOFT、Trade-Van、海关、商会等。其中，双方各自的领导机构分别是 MOICE 和 BOFT，可见，双方对该项目具有强大的推动力。在实施 e-CO 跨境传输过程中，双方经济体各相关部门经常举行会议，保持信息交流畅通，加强各相关部门之间的协调与合作。双方经济体还对 e-CO 进行了推广活动，推动贸易企业使用 e-CO 跨境传输系统。例如，双方举行了多次 PPP 会议，BOFT 和中国台湾海关还分别在台北、高雄、台中、基隆等海关举行了多次推介活动。

表 3-15　韩国—中国台湾 e-CO "探路者" 项目主要相关方

韩国	
工商能源部 （Ministry of Commerce, Industry and Energy, MOCIE）	政府管理部门
韩国工商会 （Korean Chamber of Commerce and Industry, KCCI）	韩国出口货物原产地证的签发机构
KITA （Korea International Trade Association）	韩国国际贸易协会
KTNET 公司 （Korea Trade Net）	韩国通关及贸易网络技术服务提供商，PAA 成员之一，由 KITA 于 1991 年成立
出口商	e-CO 跨境传输服务使用者
中国台湾	
对外贸易局 （Bureau of Foreign Trade, BOFT）	管理当局
海关	中国台湾 e-CO 的接收和核查部门
关贸网路公司 （Trade-Van）	中国台湾的无纸化贸易技术服务提供商，PAA 成员之一
进口商	中国台湾 e-CO 跨境传输服务使用者
报关行	代理报关业务的企业

资料来源：根据 "Draft Final Report for Reducing Trade Transaction Costs in APEC through Electronic Commerce: A Case Study of Electronic Certificate of Origin (e-CO), by ECSG PTS (Electronic Commerce Steering Group / Paperless Trading Subgroup), 2011" 整理所得。

5. 经济体之间的合作与协调是实现 e-CO 的重要环节

实施 e-CO 需要经济体之间的紧密合作。各经济体需要就实施 e-CO 进行协商，签署相关的合作协议，并互相认可 e-CO 的有效性。为保障数据传输安全，双方须进行 CA 交叉认证。此外，需要建立 e-CO 数据库，并实现 e-CO 数据库互联互通和联网核查等。韩国与中国台湾双方经济体之间的合作与协调是顺利实施 e-CO 的重要因素。2004 年,韩国的 MOICE、KCCI 和 KITA 以及中国台湾的 BOFT 和 Trade-Van 举行第一次会议,达成了共同实施 e-CO 的协议。2005 年,韩国和中国台湾举行第一次双边正式会议,成立 e-CO 项目团队,安排项目进程,分别安排 KTNET 公司和 Trade-Van 作为双方的项目协调机构。实施 e-CO 过程中,许多问题需要韩国和中国台湾双方磋商解决,例如,CA 交叉认证、技术标准问题、系统接口问题、对 e-CO 法律效力的相互认可等。双方经常举行协商会议,加强相关部门之间的沟通。

二、中国参与 e-CO 跨境传输的必要性

(一)有利于提高管理部门的行政效率,降低监管成本

实施 e-CO 可以提高行政效率。实施 e-CO,可以简化签发程序,提高原产地证签发效率。海关程序也能得到简化,通关效率得以提高。此外,实施 e-CO,还可以保障原产地证书的真实性,提高关税征收效率。同时,实施 e-CO 大大降低了原产地证的核查成本,简化了核查程序。总之,实施 e-CO 不仅能够降低贸易成本,还有利于实现 APEC 贸易便利化目标。

(二)有利于降低贸易企业的交易成本,确保原产地证的安全性和真实性

对出口商而言,贸易流程的简化,能够减少申请和邮寄原产地证的费用和时间,降低贸易成本,提高商品竞争力。对进口商而言,实施 e-CO 可以确保原产地证的安全性和真实性。通关程序的简化、时间的节约等,还降低了仓储费用。实施 e-CO 可以保障原产地证的真实性,大大简化了原产地证的核查程序,降低了企业成本。

(三)有利于提升中国的无纸化贸易水平,促进中国国际电子商务的发展

无纸化贸易是国际电子商务的重要内容。实施 e-CO 将提升中国的无纸化贸易水平,促进中国国际电子商务的发展,使中国在电子商务方面保持领先地位。国际电子商务行业前景广阔,在该行业的领先地位将具有十分重要的意义。

(四)有利于推动 APEC 区内无纸化贸易发展,增加 APEC 区内贸易流量

中国参与 e-CO 项目,对整个 APEC 地区而言,将有利于推动区内无纸化贸易的进一步发展。中国作为 APEC 的重要成员之一,在推动 APEC 区内的无纸化贸易进程上具有举足轻重的地位。中国积极参与 e-CO 项目,将有利于推动 e-CO 在整个 APEC 地区内的实施,而实施 e-CO 跨境传输的成功经验,也将有利于推动其他贸易单证的电子化和跨境传输,这一切对于推动 APEC 区内的无纸化贸易进程都将发挥重要的作用。另外,APEC 区内无纸化贸易水平的提升能够显著降低贸易成本,增加区内贸易流量,促进区内国际贸易的发展,从而增加各经济体福利。

三、中国参与 e-CO 跨境传输的准备情况

为对中国参与 e-CO 跨境传输的准备情况进行分析,本小节采用 2011 年 9 月至 2012 年 4 月"APEC 电子原产地证跨境传输准备情况"课题组的调研数据,数据主要通过案头研究、问卷调查、深度访谈和专题研讨会相结合的方式获取。其中,问卷调查主要针对进出口企业,通过邮件和现场直接发放的方式共发出问卷 400 份,收回 137 份,有效问卷 108 份,问卷有效率为 78.83%。深度访谈主要涉及海关、检验检疫部门、贸促会、商务厅和少数企业的相关人员;专题研讨会主要涉及商务部、海关总署、质检总局、贸促会、中国电子商务中心以及山东大学、对外经济贸易大学的相关专家和学者。基于案头研究和调研所获得的信息和数据,本书从中国签发原产地证的基本情况、中国实施 e-CO 所具备的条件和中国实施 e-CO 存在的困难和障碍三个方面对中国参与 e-CO 跨境传输的准备情况进行分析。

(一)中国签发原产地证的基本情况

中国出入境检验检疫机构可签发一般原产地证书、普惠制原产地证书、区域性优惠原产地证书以及专用原产地证书。中国贸易促进委员会及其地方分会可签发一般原产地证书以及区域性优惠原产地证书。其中,中国出入境检验检疫机构为签发原产地证书的官方机构,中国贸易促进委员会及其地方分会为签发原产地证书的民间机构。另外,国家质检总局授权各地经贸委(厅)的有关部门签发

《输欧盟纺织品原产地证书》；根据海峡两岸经济合作框架协议（ECFA），授权贸易促进委员会签发 ECFA 原产地证书。

2000 年 12 月 1 日起中国施行《原产地证电子签证管理办法》，对以电子方式签发的普惠制原产地证书 FORM A 和一般原产地证书 CO 电子签证的申请与考核、原产地证电子申报与签证等内容做了较为明确的规定。规定由国家质检总局统一管理全国原产地证的电子签证工作，国家质检总局设在各地的出入境检验检疫机构负责电子签证工作的实施。

（二）中国实施 e–CO 所具备的条件

1. 法律政策环境

e–CO 的实施依赖于强有力的政策和法规支持，中国实施 e–CO 相关的政策法规建设起步较晚，但发展很快，政府非常重视无纸化贸易的发展，推出了一系列的政策、措施促进无纸化贸易的进程。例如，2006 年 5 月 8 日，中国发布《2006～2020 年国家信息化发展战略》，这标志着中国对信息化从高度重视转向规划落实。同年，为推行电子政务，深化行政管理体制改革，支持政府部门有效地履行职能，促进全国电子政务健康发展，国家信息化领导小组正式下发了《2006 年国家电子政务总体框架》，目标是到 2010 年，基本建成覆盖全国的统一的电子政务网络。在促进无纸化贸易的具体行动上，中国政府也一直在不断地探索和努力，采取了诸多促进无纸化贸易进程的措施，例如，2001 年中国政府明确提出实行大通关制度；各部门配合大通关制度而进行的电子口岸的建设；海关快速通关、便捷通关、绿色通道、动态分类管理等便利化措施；质检部门的绿色通道、直通放行等措施。这些制度和措施的采用不仅极大地提高了我国无纸化贸易的水平，同时还提高了行政部门的工作效率，给企业提供了便利，节省了时间和费用。

首先，中国加快推进 e–CO 有关的法制建设，这些法律涉及电子文件合法有效性、数据传输安全等。例如，1999 年 3 月 15 日颁布的《合同法》中增加"数据电文条款"，承认数据电文法律效力；2000 年修订《海关法》，在第二十五条中明确提出：在办理进出口货物的海关申报手续，应当采用纸质报关单和电子数据报关单的形式，从而确立电子数据的法律效力；2004 年 8 月 28 日，中国通过了《中华人民共和国电子签名法》。其次，中国也出台了一系列原产地证管理方面的法律法规，以规范原产地证的签发和使用。这些政策法规的出台，为保证原产地证书被安全、有效地使用提供了法律支持。

2. 硬件及软件环境

中国于2000年12月1日起施行《原产地证电子签证管理办法》后正式推出原产地证电子签证服务。目前，中国已经实现原产地证的网上申报以及网上签发。其中贸促会目前已全部实现网上申请及网上签发，网上申请/签发系统的技术服务提供商是中国广州尊网商通资讯科技公司、中国北京九城信合软件科技有限公司、中国福建榕基软件股份有限公司。2009年开始签发优惠原产地证书，并与海关实现联网。此外，中国检验检疫局电子签发是采用原产地电子管理系统，该套系统是国家质检总局于2004年初开始开发，2007年8月1日正式启用的。

另外，中国在保证e-CO数据安全传输方面不存在任何技术问题，境内使用PKI技术，能够提供CA服务，且已实现同部分经济体PKI/CA交叉认证。2011年12月7日，在课题组举行的"关于建立我国国际贸易单一窗口的建议"座谈会中，据中国商务部单一窗口建设方面的专家称，目前中国实施e-CO在硬件、技术上不存在任何问题，而"APEC电子原产地证跨境传输准备境况研讨项目"专家研讨会中国国际电子商务中心专家对目前中国发展e-CO的技术环境也作出了同样的肯定，认为"目前PAA所有成员都已实现了PKI交叉认证。中国作为PAA成员之一，在PKI技术方面不存在任何问题"。

3. 实施环境

程序简化是实施e-CO的重要先决条件，为企业节省时间和费用是实施e-CO的重要目的之一。一般而言，企业申请、使用原产地证书的程序越简化，为企业节省的时间和费用越多，越有利于e-CO的实施。另外，企业对实施e-CO的认知和接纳对成功实施e-CO也具有重要的意义。总之，企业对e-CO的实施环境有更直接的感受，因此，从企业角度来对e-CO的实施环境进行分析，有助于更直接和更深刻地掌握中国e-CO跨境传输实施环境的情况。

据调查，目前中国境内企业在申请和使用原产地证书过程中所产生的费用并不高，企业普遍认为，e-CO更多的是在节省时间成本上具有优势，而企业对使用e-CO能带来的好处的回答也同样反映了企业认为使用e-CO更重要的是在高效性以及减少错误率上更具有优势。大多数企业对e-CO的使用持支持态度，而现实中通过电子方式申请原产地证的企业也逐渐增多。例如，据调查，目前共有6万多家企业实现通过电子方式向贸促会申请原产地，而2011年1~11月企业通过电子方式向中国检验检疫局申请签发的原产地证书数量达到了17500多份,总额达9.55亿美元。另外,企业也认为,要保证e-CO在国内的顺利实施,国际商务环境和国内政策环境的支持具有非常重要的推动作用。

4. 国际合作

在同APEC其他经济体的合作方面,中国积极参与实施e-CO有关的国际合作。例如,2008年国家质检总局开发了原产地证书国际电子联网核查系统,并于2010年10月10日在全国全面推广应用。该系统是通过建设原产地证书信息管理平台,建立国际原产地证书的信息交换、核查反馈、查询统计、证书核查机制,及对出口商欧盟注册的管理机制等,实现双边或多边贸易的便利化。该系统的开通,实现了原产地证书的电子联网核查,退证查询的国内外电子联网,对出口商欧盟注册的管理,官方机构信息的国外查询和管理及国外官方机构对原产地证书内容网上核查管理等,是我国原产地业务走向信息国际化发展的一项重要举措;是我国加强原产地证国际合作,实现对自由贸易区协定条款要求承诺的体现,对促进e-CO具有重大意义。

(三) 中国实施e-CO存在的困难和障碍

1. 相关部门间合作和协调困难,行政推动乏力

实施e-CO跨境传输涉及不同政府部门以及贸易企业,由于存在不同的利益诉求,它们之间的协调与合作往往存在一定的困难。在中国e-CO的实施过程中同样存在不同利益主体合作和协调的困难。例如,据调查显示,目前,中国未实现原产地证境内跨部门网上传输。具体而言,贸促会和海关已完全实现原产地证书电子数据联网,而中国质检总局及各地方检验检疫局并未同海关实现联网,信息共享程度仍然不足。究其原因主要有三点:一是原产地证的签发存在跨部门管理,职能交叉的问题,各部门的利益不能有效协调;二是在海关和质检总局电子数据标准化方面不能有效协调;三是缺乏强有力的政府统一领导机构,行政推动乏力。在调研过程中,专家和学者普遍反映中国实施e-CO在硬件基础设施和技术上问题不大,关键问题是如何解决部门之间合作和协调的问题。

2. 配套法律法规支持不足,国际合作协调困难

在法律法规方面,2005年,中国出台了《电子签名法》,对e-CO的实施提供了一定的法律保障,但要完全保证e-CO的顺利运行,现行的法律法规仍然需要进行补充、修改和完善。另外,实施e-CO涉及不同经济体之间的法律协调问题，例如，e-CO 的法律效力问题、贸易争端解决机制等，这就涉及中国同其他经济体的合作问题。与境内部门间的合作相比，经济体之间的合作更为困难，协调成本更高。

3. 境内相关部门及企业对 e-CO 认识不足，相关政策法规的宣传和推广力度不够

首先，实施 e-CO 是对传统贸易流程的简化和改善。一方面，贸易企业和相关政府部门存在路径依赖，改变贸易企业和相关政府部门的行事方式存在一定的难度；另一方面，还需要改变贸易企业和相关政府部门的思维习惯和意识观念，对贸易流程简化存在一定的困难。

其次，贸易企业使用 e-CO 激励有限。实施 e-CO，需要贸易企业的积极参与，但由于并非所有贸易产品均对原产地证有要求，而且企业对 e-CO 认识不足，对 e-CO 的使用缺乏信任和信心都导致了 e-CO 被企业接受的困难，而这些困难会导致即使已实现 e-CO，但因企业参与使用程度较低，使 e-CO 实际利用率不高，不能发挥 e-CO 在节约成本方面的优势。

最后，大多数企业对相关政策和法律规章不够了解。一方面，由企业认为使用类似的一些官方文件不需要对相关政策和法律规章做深入的了解导致；另一方面，也说明政府和相关部门对政策和法律法规的宣传和推广力度不够。这会导致企业使用 e-CO 的积极性降低，最终阻碍了 e-CO 的推广和使用。

四、关于促进中国 e-CO 跨境传输的建议

（一）管理部门发挥核心作用，自上而下推动实施 e-CO

政府部门之间大多在一定程度上存在协调困难，各政府部门之间应加强协调，努力合作。管理部门在实施 e-CO 过程中应发挥核心协调作用，自上而下地推动实施 e-CO，积极引导各相关主体参与实施 e-CO。例如，可以通过建立一个由商务部、海关、商检部门等组成的跨部门领导机构，通过部门间的协调合作，推动整个原产地申请和使用流程的简化，最终实现标准统一，信息共享。

（二）建立实施 e-CO 的法律框架体系，全方位保证 e-CO 的顺利实施

目前，中国已经具备实施 e-CO 跨境传输的基本技术条件，法律框架成为实施 e-CO 需要重点解决的问题。应学习借鉴韩国—中国台湾 e-CO 跨境传输

"探路者"项目的经验,建立一个多层次、多方位保证 e-CO 顺利实施的政策、法律环境,这些法律不仅涉及 e-CO 本身,还涉及电子文件合法有效性、数据传输安全等多个方面。因此,APEC 可以总结已经成功实施的 e-CO 跨境传输的经验,建立起实施 e-CO 完整的法律框架体系,将有利于推动 APEC 经济体实施 e-CO 跨境传输。

(三)积极参与国际合作,建立起同其他经济体的协调机制

e-CO 将是大势所趋,政府应该努力转变观念,加强与已经实施 e-CO 的经济体之间的合作,学习和借鉴韩国与中国台湾 e-CO 项目的成功经验,共同推动实施 e-CO 跨境传输。另外,应积极推动 APEC 建立 e-CO 跨境传输的协调机制,例如,积极参加 APEC 举行的实施 e-CO 相关的研讨会或论坛,并以此建立起同其他经济体的协调机制,加强同其他经济体的交流和合作。

(四)加强 e-CO 的宣传和推广,逐步实施 e-CO

政府应进一步增强 e-CO 相关政策和法律法规的宣传和推广,努力改变利益相关者的思想观念,采取各种措施积极鼓励相关利益主体使用 e-CO,确保 e-CO 的顺利实施。另外,实施 e-CO 可采取分步骤、分阶段逐步推进的方式。例如,可以在国内选取试点省份先实行类似韩国或中国台湾 e-CO 跨境传输项目,且在实施过程中可从海关对原产地证有要求的部分贸易商品开始,待时机成熟再向其他省份的商品推广。

第五节 本章小结

自 20 世纪 90 年代中期以来,贸易便利化一直是 WTO、APEC 等组织以及各国政府积极讨论的关于促进贸易自由化的另一个主题。中国在融入全球化的过程中,积极探索,从政府管理部门到一般贸易企业逐渐认识到贸易便利化在推动一国实现贸易稳定增长,促进经济繁荣方面的重要作用。相应地,政府也出台了一系列政策措施来推动中国的贸易便利化进程,尤其是最近几年,无论是在法律法规制度建设、国际合作上,还是在硬件基础设施的完善上,中国都取得了长足的

进步，而企业对贸易便利化的认识也逐渐深入，很多企业积极主动进行相关方面的能力建设，以尽快适应新制度和新设施给企业带来的便利。但我们仍然应该看到，在中国推进贸易便利化还面临很多困难和障碍，同世界很多贸易便利化发展程度较高的经济体还有很大的差距，中国贸易便利化的未来发展任重而道远。

大量事实已证明了贸易便利化给政府、企业所带来的好处，贸易便利化是通过什么渠道来对贸易产生影响的？其影响机制如何？而根据异质性企业贸易理论，出口固定投入成本主要通过扩展边际的渠道带来一国贸易的增长，对中国而言，出口固定投入成本到底给出口带来何种影响，其影响机制如何？对不同的产业是否影响不同？我们尝试通过后文的理论和实证分析来对上述问题进行解答。

第四章
贸易便利化视角下出口固定投入成本对扩展边际影响的理论分析

标准新贸易理论假设企业是同质的,但大量的实证研究发现,企业并非同质——一个行业内出口企业和非出口企业共存,出口企业较非出口企业生产率更高,规模更大(Bernard & Jensen, 1999; Bernard & Wagner, 2001; Clerides, et al., 1998; Eaton, et al., 2005)。新贸易理论并不能对这些现象进行解释,而 Melitz(2003)将其归因为企业异质性以及出口固定投入成本的存在。为对这一思想进行系统的阐述,Melitz(2003)发展了一个包含企业异质性的动态产业模型,分析贸易成本对企业参与出口市场的影响。本章结合 Melitz(2003)的企业异质性贸易模型,分析贸易便利化对贸易产生影响的机制和渠道。进而借鉴 Kancs(2007)和 Chaney(2008)的理论分析框架,推导出一国的总出口以及扩展边际的出口决定模型,为后续的出口固定投入成本对扩展边际影响的实证分析提供理论基础。

第一节 贸易便利化对贸易影响的机制分析

一、模型基础

假定存在 $N+1$ 个相同的国家,每个国家同其余 N 个国家进行贸易。劳动是唯一的生产要素,每个国家劳动总供给(表示国家的规模)为 L,且供给无弹性。对称性国家的假设保证了所有国家的工资相同,我们设定工资统一为1。行业中的企业是连续的,每个企业生产一种不同的商品。企业要生产面临两种生产成本:固定生产成本和可变生产成本。其中,固定生产成本对行业中的所有生产企业都是相同的,而可变生产成本则随企业生产率的提高而降低。而企业要出口面临两种贸易成本:出口固定投入成本和可变贸易成本。所有企业要出口必须支付一个出口固定投入成本。

(一) 消费者和生产者行为设定

1. 消费者行为方面

假定工人是所生产商品的唯一消费者。消费者消费一系列连续的商品 i,消费者偏好满足 CES 效用函数,每种商品消费 x_i 单位所获得的效用为:

$$U = \left[\int_{i \in \Omega} x_i^{\frac{\sigma-1}{\sigma}} di\right]^{\frac{\sigma}{\sigma-1}} \quad (4-1)$$

其中,Ω 表示消费者消费的商品组合。假定商品之间都是可替代的,任意两种商品之间的替代弹性为 σ。根据 Dixit 和 Stiglitz (1977) 的模型,总的价格水平 P 可以表示为:

$$P = \left[\int_{i \in \Omega} x_i^{1-\sigma} di\right]^{\frac{1}{1-\sigma}} \quad (4-2)$$

根据 Dixit 和 Stiglitz (1977) 的结论可知,消费者的最优选择,即在每种商品上的消费量和支出是:

$$x_i = Q \left[\frac{p_i}{P}\right]^{-\sigma} \quad (4-3)$$

$$e_i = E \left[\frac{p_i}{P}\right]^{1-\sigma} \quad (4-4)$$

其中,Q 表示消费者消费产品的总量,$E = PQ = \int_{i \in \Omega} e_i di$ 表示总消费支出(也即是总收入)。

2. 在生产者行为方面

企业出口面临两种类型的出口成本:出口固定投入成本 FC_x,且 $FC_x > 0$,以及可变贸易成本 τ,且 $\tau > 1$,用冰山成本表示。另外,所有企业生产时都必须支付生产固定成本 FC,这一成本对所有企业都是相同的。假定企业生产的可变成本随企业生产率的提高而降低,每个企业使用一个随机的生产率 φ ($\varphi > 0$) 且其

服从分布 $g(\varphi)$，则企业的成本函数（用劳动需求表示）可表示为产出的线性函数：

$$c(x) = \frac{x}{\varphi} + FC \qquad (4-5)$$

根据最优定价规则，企业在国内的定价为：

$$p_d(\varphi) = \frac{\sigma w}{(\sigma-1)\varphi} = \frac{\sigma}{(\sigma-1)\varphi} \qquad (4-6)$$

其中，$\frac{\sigma}{\sigma-1}$ 是企业利润最大化加价，w 是工资率，标准化为1。

企业在出口市场上的定价要高于国内价格，以此反映服务这些市场所增加的边际成本 τ。

企业在国外的定价为：

$$p_x(\varphi) = \frac{\sigma\tau}{(\sigma-1)\varphi} = \tau p_d(\varphi) \qquad (4-7)$$

因此，从国内市场和出口市场所获得的收益分别为：

$$e_d(\varphi) = E\left[\frac{(\sigma-1)P\varphi}{\sigma}\right]^{\sigma-1} \qquad (4-8)$$

$$e_d(\varphi) = \tau^{1-\sigma} e_x(\varphi) \qquad (4-9)$$

其中，E 和 P 分别表示每个国家的总支出和总价格指数。

（二）开放经济下行业均衡

由于任何企业如果不为国内市场生产的话也肯定不会出口到国外市场，因此，每个企业的利润有可能来自两部分，即来自国内市场的利润 $\pi_d(\varphi)$ 和出口到每个国家所获得的利润 $\pi_x(\varphi)$。

若企业出口，则企业的总利润由两部分组成：

$$\pi_d(\varphi) = \frac{e_d(\varphi)}{\sigma} - FC \qquad (4-10)$$

$$\pi_x(\varphi) = \frac{e_x(\varphi)}{\sigma} - FC_x \qquad (4-11)$$

因此，企业的组合利润可表示为：$\pi(\varphi) = \pi_d(\varphi) + \max\{0, N\pi_x(\varphi)\}$，而企业的价值则由 $v(\varphi) = \max\left\{0, \frac{\pi(\varphi)}{\delta}\right\}$ 决定，其中，δ 为每一期生产所面临的负面冲击的概率。

进一步地，成功进入市场进行生产的企业的截点生产率水平可表示为：$\bar{\varphi} =$

$\inf\{\varphi:v(\varphi)>0\}$,而企业进入出口市场的截点生产率水平可表示为:$\bar{\varphi}_x = \inf\{\varphi:\varphi \geq \bar{\varphi}, \pi_x(\varphi)>0\}$。

因此,根据$\bar{\varphi}$和$\bar{\varphi}_x$的定义,可知国内市场截点生产率水平和出口市场截点生产率水平满足:

$$\pi_d(\bar{\varphi}) = 0, \pi_x(\bar{\varphi}_x) = 0 \Rightarrow \bar{\varphi}_x = \bar{\varphi}\tau\left(\frac{FC_x}{FC}\right)^{\frac{1}{\sigma-1}} > \bar{\varphi} \qquad (4-12)$$

其中,$\bar{\varphi}_x$是$\bar{\varphi}$的函数,且$\bar{\varphi}_x > \bar{\varphi}$(一般情况下$FC_x > FC$),即出口市场的截点生产率水平要大于国内市场的截点生产率水平。由此可见,生产率的高低成为决定企业能否出口的关键。

当企业的生产率水平$\varphi < \bar{\varphi}$时,企业选择退出市场;

当企业的生产率水平$\bar{\varphi} < \varphi < \bar{\varphi}_x$时,企业只为国内市场生产;

当企业的生产率水平$\varphi > \bar{\varphi}_x$时,企业在国内市场和出口市场都会获得正的利润,因此,企业会同时为国内市场和出口市场生产。

(三)零利润条件(ZCP)和自由进入条件(FE)

假定均衡时在位企业的生产率服从$\mu(\varphi)$分布,而$\mu(\varphi)$是由事前生产率分布$g(\varphi)$决定,即$\mu(\varphi) = g(\varphi)/[1-G(\bar{\varphi})] \;\forall \varphi \geq \bar{\varphi}$。企业成功进入的事前概率是$1-G(\bar{\varphi})$,而进入该行业的企业成功出口的概率是$[1-G(\bar{\varphi}_x)]/[1-G(\bar{\varphi})]$。

若M表示均衡时一国原有企业的数目,则出口企业的数目可表示为:

$$M_x = [1-G(\bar{\varphi}_x)]/[1-G(\bar{\varphi})]gM \qquad (4-13)$$

一国该行业中所有企业的数目(也即为消费者可消费商品的种类)可表示为:

$$M_t = M + NM_x \qquad (4-14)$$

行业中所有生产企业的平均生产率可表示为:

$$\mathring{\varphi} = \left[\frac{1}{1-G(\bar{\varphi})}\int_{\bar{\varphi}}^{\infty}\varphi^{\sigma-1}g(\varphi)d\varphi\right]^{\frac{1}{\sigma-1}} = \mathring{\varphi}(\bar{\varphi}) \qquad (4-15)$$

而行业中所有能出口的企业的平均生产率可表示为:

$$\mathring{\varphi}_x = \left[\frac{1}{1-G(\bar{\varphi}_x)}\int_{\bar{\varphi}_x}^{\infty}\varphi^{\sigma-1}g(\varphi)d\varphi\right]^{\frac{1}{\sigma-1}} \qquad (4-16)$$

由式(4-15)可知,$\mathring{\varphi}$是行业中企业的加权平均生产率,且其独立于企业的数量M。$\mathring{\varphi}$也表示行业的总体生产率水平,因此,在该行业中所有企业的总利润可表示为：

$$\pi = \int_0^\infty \pi(\varphi) M\mu(\varphi) d\varphi = M\pi(\mathring{\varphi}) \qquad (4-17)$$

可见，一个由 M 个企业组成，且生产率服从 $\mu(\varphi)$，平均生产率为 $\mathring{\varphi}$ 的行业的总利润和一个有 M 个相同企业，且生产率为 $\varphi = \mathring{\varphi}$ 组成的行业所获得的利润是相同的。

因此，一国企业的平均利润水平或生产率水平为 $\varphi = \mathring{\varphi}$ 的企业的利润可表示为：

$$\bar{\pi} = \pi_d(\mathring{\varphi}) + Ng[1 - G(\bar{\varphi}_x)]/[1 - G(\bar{\varphi})]g\pi_x(\mathring{\varphi}) \qquad (4-18)$$

零截点利润条件说明了每个企业的平均利润 $\bar{\pi}$ 和截点生产率 $\bar{\varphi}$ 之间的关系：

$$\pi_d(\bar{\varphi}) = 0 \Leftrightarrow \pi_d(\mathring{\varphi}) = FCk(\bar{\varphi}) \qquad (4-19)$$

$$\pi_x(\bar{\varphi}_x) = 0 \Leftrightarrow \pi_x(\mathring{\varphi}_x) = FC_x k(\bar{\varphi}_x) \qquad (4-20)$$

其中，

$$k(\bar{\varphi}) = [\mathring{\varphi}(\bar{\varphi})]^{\sigma-1} - 1$$

$$\begin{aligned}\bar{\pi} &= \pi_d(\mathring{\varphi}) + Ng[1 - G(\bar{\varphi}_x)]/[1 - G(\bar{\varphi})]g\pi_x(\mathring{\varphi}) \\ &= FCgk(\bar{\varphi}) + Ng[1 - G(\bar{\varphi}_x)]/[1 - G(\bar{\varphi})]gFC_x gk(\bar{\varphi}_x)\end{aligned} \qquad (4-21)$$

根据式（4-12）可知 $\bar{\varphi}_x$ 是 $\bar{\varphi}$ 的函数，因此 $\bar{\pi}$ 即为行业生产率截点 $\bar{\varphi}$ 的函数。式（4-21）即为开放经济条件下的零截点利润条件 ZCP 的最终表达式。

因为所有在位生产企业（除了截点生产率企业外）都能够获得正利润，因此，平均利润水平 $\bar{\pi}$ 一定是正的。实际上，正是因为预期利润为正才使得企业愿意投入进入市场的沉没固定生产成本 FC。用 $\bar{v}$ 表示平均利润流现值，则：

$$\bar{v} = \sum_{t=0}^{\infty} (1-\delta)^t \bar{\pi} = (1/\delta)\bar{\pi} \qquad (4-22)$$

其中，$\bar{v}$ 也是成功进入的企业的平均利润流。

进一步，在位企业的利润流净值可表示为：

$$v_e = [1 - G(\bar{\varphi})]g\bar{v} - FC = \frac{1 - G(\bar{\varphi})}{\delta}\bar{\pi} - FC \qquad (4-23)$$

根据式（4-23）可知：

当 $v_e < 0$ 时，没有企业进入市场；

当 $v_e = 0$ 时，

$$\bar{\pi} = \frac{\sigma FC}{1 - G(\bar{\varphi})} \qquad (4-24)$$

式（4-24）即是企业的自由进入条件 FE。

零利润条件 ZCP 和自由进入条件 FE 代表了平均利润和截点生产率之间的两种不同关系。在 (φ, π) 坐标平面上，FE 曲线是递增的，ZCP 曲线是递减的，二者只有唯一交点，这保证了只存在唯一的均衡点 $(\bar{\varphi}, \bar{\pi})$，如图 4-1 所示。在企业进入和退出两方力量的作用下，形成了行业的均衡状态。

通过观察 ZCP 和 FE 两个均衡条件，我们发现单位可变贸易成本 τ 和出口固定投入成本 FC_x 的变动会带来 ZCP 的变动，而 FE 不受影响。ZCP 的变动会使原有行业均衡状态发生变动，进而会影响截点生产率 $\bar{\varphi}$ 以及均衡平均利润 $\bar{\pi}$。另外，$\bar{\varphi}$ 的变动也会带来 $\bar{\varphi}_x$ 的变动。最终，通过行业内不同企业进入/退出的调整，行业内资源重新配置，直至在新的截点生产率水平和平均利润水平下达到新的均衡状态。可见，贸易成本的变动会对行业的资源配置产生重要的影响。

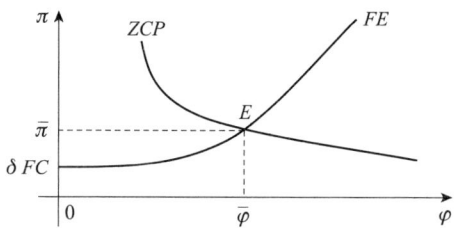

图 4-1　行业均衡截点生产率水平 $\bar{\varphi}$ 和平均利润 $\bar{\pi}$ 的决定

二、贸易便利化影响的理论分析

（一）贸易便利化对贸易的影响

本书借鉴 Grainger（2007b）的定义，将贸易便利化定义为一种通过政策制度和技术来简化贸易流程，降低贸易交易成本，从而提升监管效率的综合性措施或方法。根据这个定义，我们可以从比较宽泛的角度来看待贸易便利化。具体而言，本书的贸易便利化所涉及的政策措施既包括与贸易过程直接相关的海关手续、行政程序和监管透明度等，基本上反映当前 WTO 关于贸易便利化的谈判中的"跨边境"（Across the Border）和"边境上"（On the Border）内容，又包括基础设施、机构透明度、良好的政府管制和国内法规（Wilson, 2005）等更宽泛的"边境内"（Behind the Border）的内容，而所有这些措施都可以通过成本渠道影响贸易。

为什么贸易便利化能够使贸易成本降低？原因是贸易便利化可以通过简化贸易流程，进而降低贸易的交易成本。具体而言，现实中的贸易流程烦琐而复杂，整个过程成本高昂且费时。例如，据 UNCTAD 估计平均的海关交易涉及 30 多个不同参与主体，40 种文件，200 多个数据元素（其中 30 个是重复至少 30 次），并且 60%~70% 的数据需要重复输入，而每次供应链涉及主体需要向政府机构提交信息时贸易交易成本便会产生（Grainger, 2008a）。据 WTO 统计，由于复杂的贸易手续引起的费用占交易货物价值的 2.5%~15%。APEC（2009）研究报告中专门强调了贸易过程中产生于海关手续和检查的成本，包括耗时文件要求、烦琐的检验检疫、不同国家货物分类不同、任意的独立裁决、缺乏与邻国的跨境协调、多个缺乏协调性的办事处、不恰当的惩罚、海关单方面提高收费、低效的入境通关程序、许可证要求、歧视性等。为了更清晰地看出烦琐复杂的贸易流程是如何产生交易成本的，可以借鉴 Grainger（2008）将贸易交易成本划分为直接交易成本和间接交易成本。直接交易成本包括合规成本，例如，要求编制和提交文件（纸质或电子）而进行收集、生产、传输、邮寄、传真和处理相关信息所产生的成本；检验检疫费用和文件盖章费用。间接交易成本包括来自边境延误、流程及行政要求不确定性带来的成本以及遗漏或丢失的商业机会的成本。

更具体一点，直接交易成本主要是指出口固定投入成本或可变贸易成本。在将货物出口到世界市场之前，一个潜在的贸易商必须获得有关贸易流程的相关信息。贸易流程越复杂，贸易商面临贸易成本越高。若企业仅必须一次性支付这个成本，后续出口不再支付这个成本，则这个成本可被看作是进入市场的一次性沉没的出口固定投入成本。然而，货物每次被运输过境，贸易流程必须合规，所以即使企业已经支付了沉没的出口固定投入成本，但它仍然必须花费时间和费用，例如，提交关于运输情况的信息给相关利益主体，这些构成了贸易的合规成本。合规成本的大小一般不会依赖出口规模，所以也属于出口固定投入成本，与沉没出口固定投入成本不同的是，在货物每次运输时需要支付。很显然，贸易过程中的规定越多、越复杂，合规成本越高。另外，也存在可变贸易成本，即依赖于出口商每次出口规模的成本，例如，收取贸易服务相关的某些费用等。

间接交易成本主要是时间延误所带来的成本，这些延误是由贸易流程的复杂和非效率引起的。在其他条件相同的情况下，复杂和非效率的贸易流程将会增加跨境贸易的交易所需要的时间。时间延误可能反过来会带来各种各样的成本。例如，首先，根据商品的类型不同，可能存在不同的折旧成本。这些成本可能会以物理折旧方式（例如，被损坏的农产品）或因为产品市场价值的快速贬值（例如，技术密集型产品或时尚产品）而形成。例如，Freund 和 Rocha（2010）发现，运输延误对于非洲的出口有显著的影响，内陆运输时间减少1天，出口会增加7%。其次，对于长期的延误，还可能存在仓储成本，尤其对农产品而言，仓储的成本会更高。再次，长久的延误所带来交货时间的不确定性会让企业不得不将资源浪费在保证货运的安全系数上面。最后，由于长久延误导致的交货时间不确定，企业可能丧失很多商业机会。

贸易环境的复杂性使贸易便利化有广泛的领域可以发挥用武之地（Grainger，2007a），贸易便利化目的即是减少企业和政府的贸易交易成本。例如，Oh等（2009）认为，韩国的电子通关系统相比以往的通关流程节省了30%的成本。如果电子贸易被采用，公司同样可以减少成本，并显著地增加出口效率；Raus等（2009）经研究后将电子海关解决方案好处总结为能够节省时间和财力，以及提高数据处理的准确性。具体而言，由于流程执行速度更快并且显著减少了多项人工输入，因此，节省了大量的时间，而便捷的贸易程序和通关手续也可减少交货延迟，降低货物质量受损的风险，减少仓储费用，降低偷盗风险，并减少由于延迟交货带来的结算和利息损失。Milner等（2008）经过研究也认为，贸易便利化涉及的海关流程的自动化能够提升监管效率以及其他的政府功能，减少行政成本，克服技术限制，减少腐败机会并且促进政府和企业之间的合作，而根据2001年12月在日内瓦召开的联合国贸易便利化和电子商务会议（UN/CEFACT）测算，预计贸易便利化可节省约4900亿美元的成本。可见，通过实施贸易便利化可以节省大量的交易成本。

从上述的分析可知，贸易便利化既能减少出口固定投入成本又能节省可变贸易成本，而且还能节省时间成本。根据最近的异质性企业贸易理论可知，贸易便利化促进贸易增长的机制是通过降低贸易成本从而对贸易的集约边际和扩展边际产生正向影响（Melitz，2003；Chaney，2008）。换句话说，这些同非效率流程有关的成本不仅会影响贸易的规模，而且也会影响贸易商品的种类。它遵循着贸易便利化，即提升贸易流程效率流程的改革——应该会带来贸易成本（既包括出口固定投入成本，又包括可变贸易成本）的降低，进而带来贸易量和出口（或进口）多样性两者的增加。

具体而言，以Melitz（2003）为代表的异质性企业贸易理论认为，在每个国家，出口企业和非出口企业并存。出口企业与非出口企业相比，往往规模更大的效率会更高。这一现象可以用"自我选择"来解释：只有高生产率的公司（较低的边际生产成本）能够克服出口成本，可以通过出口获利，而低生产率的企业却因不能克服出口成本，而只能为国内市场生产。在异质性企业贸易理论的框架下，贸易成本的下降对于出口的影响渠道主要有两个。首先，随着出口成本的下降，在位出口企业会增加出口量，因为可变贸易成本下降会带来更多的出口利润，因此，出口倾向会增加，而出口的这部分增长主要是通过贸易的集约边际渠道实现。另外，当出口固定投入成本降低时，在门槛附近的生产率较低的企业，会发现出口也是有利可图的，因此，也开始进入出口市场；原在位的多产品出口企业中原来不能出口的产品也在出口固定投入成本降低后出口获利，因此，这两方面都会通过扩展边际的渠道增加出口。除此之外，较低的贸易成本会促进资源的重新分配，从生产率低的企业流向生产率高的企业，将增加经济的生产力水平，从而使一国整体的生产率水平提升，而这又会通过集约边际和扩展边际的渠道促进一国出口的增加。

可见，通过贸易便利化能够促进贸易的增长。这既能够通过增加已在位出口企业的贸易流来促进贸易增长，又能够通过新进入出口市场企业所带来的贸易流的增加来促进贸易增长，还可以通过提升社会整体生产率水平来促进贸易增长。例如，据 UN/CEFACT（2001）测算，如果能将贸易便利化水平处于世界平均水平以下的国家港口效率和海关管理效率提高，可使全球贸易额增加 1170 亿美元。Wilson 等（2003）使用引力模型分析了亚太地区贸易便利化提升对区内贸易的影响。他们模拟发现将 APEC 成员经济体内贸易便利化水平处于平均水平以下的经济体提升到 APEC 的平均水平，APEC 区内贸易能够增加 2540 亿美元，大约是 APEC 区内贸易总量的 21%。Shepherd（2010）聚焦于分析贸易便利化对一国出口地理多样性的影响，经分析得出了贸易便利化有潜力增加出口市场的数目的结论。可见贸易便利化确实能够通过各种渠道促进世界贸易的增长，进而会带来经济的繁荣和社会福利的提升。

（二）降低出口固定投入成本的贸易便利化政策对行业均衡的影响

鉴于本书的分析侧重于出口固定投入成本，因此，下面我们借助 ZCP 和 FE 曲线来分析贸易便利化所带来的出口固定投入成本的下降给行业均衡所带来的影响，并以此进一步分析出口固定投入成本下降对扩展边际的影响提供的理论启示。

如图 4-2 所示，在其他条件保持不变的前提下，出口固定投入成本的下降会使原有 ZCP_1 曲线上移到 ZCP_2 曲线位置，从而行业进入的截点生产率和平均利润水平也会由原来的 E_1（$\bar{\varphi}_1$，$\bar{\pi}_1$）均衡点移动到新的均衡点 E_2（$\bar{\varphi}_2$，$\bar{\pi}_2$）。由图 4-2 可知，在新的均衡点 E_2，行业的截点生产率水平 $\bar{\varphi}$ 和平均利润水平 $\bar{\pi}$ 都提高了。根据上述分析可知 FC_x 的下降会同时带来 $\bar{\varphi}$ 的升高，而根据式（4-12）$\bar{\varphi}_x = \bar{\varphi}\tau\left[\dfrac{FC_x}{FC}\right]^{\frac{1}{\sigma-1}}$，好像很难最终对 $\bar{\varphi}_x$ 的变化做出判断。实际上，Melitz（2003）通过推导证明了 FC_x 下降对 $\bar{\varphi}_x$ 的负向影响要大于 $\bar{\varphi}$ 上升对 $\bar{\varphi}_x$ 的正向影响，因此，从总体来看，FC_x 的下降会带来 $\bar{\varphi}_x$ 的降低。

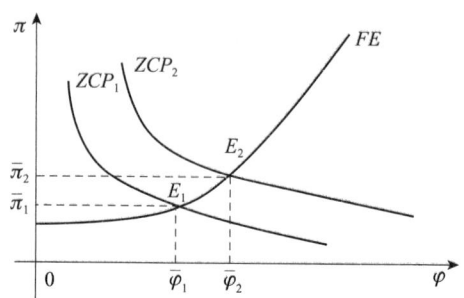

图 4-2　出口固定投入成本下降对均衡状态的影响

贸易会使生产率水平最低的企业退出出口市场，同时也使原先在出口固定投入成本 FC_{x1} 下不能进入出口市场的企业，在出口固定投入成本为 FC_{x2} 后进入出口市场。具体而言，见图 4-3，FC_x 的下降使行业进入截点生产率水平由 $\bar{\varphi}_1$ 上升到 $\bar{\varphi}_2$，而出口截点生产率水平则由 $\bar{\varphi}_{x1}$ 下降到 $\bar{\varphi}_{x2}$。一方面，这导致了生产率水平处于 $\bar{\varphi}_1 < \varphi < \bar{\varphi}_2$ 的企业退出国内市场；另一方面，生产率水平处于 $\bar{\varphi}_{x2} < \varphi < \bar{\varphi}_{x1}$ 的企业开始出口，即有新的企业进入出口市场。相应地，该行业的市场份额和利润的配置也会发生变化：该行业中所有企业都会减少其国内市场的销售，所以那些不能出口的企业的市场份额和利润都会降低。那些更有生产率的企业出口所增加的份额会弥补国内销售所减少的份额，因此，总的市场份额和利润是增加的；而那些最有生产率的企业则增加了利润。像以前一样，生产率最低的企业退出市场，最有生产率的企业增加了其市场份额。但应注意的是，出口固定投入成本的下降并不能带来已在位企业收益和利润的增加，Melitz（2003）认为，原因是出口固定投入成本 FC_x 是一次性投入的分摊成本，对已在位企业不会造成任何影响，从图 4-3 企业收入函数的变化也可看出，出口固定投入成本下降后，对先前已在位出口企业（生产率水平满足 $\varphi > \bar{\varphi}_{x1}$）而言，其收益不会受到影响；而新进入出口市场的企业（生产率水平满足 $\bar{\varphi}_{x2} < \varphi < \bar{\varphi}_{x1}$），进入出口市场会显著增

加其收益;对仍然仅为国内生产的企业(生产率水平满足$\bar{\varphi}_1<\varphi<\bar{\varphi}_2$)而言,因其市场份额被挤占,且竞争加剧使其总收入和总利润都下降。这一过程使整个行业的生产率水平提高,资源向更有生产率的企业进行配置。

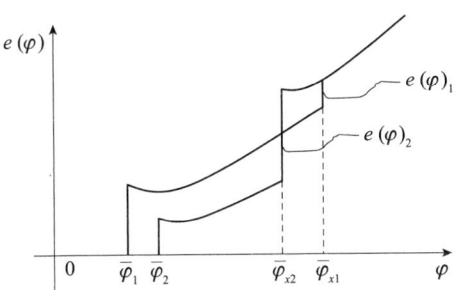

图4-3 出口固定投入成本下降对截点生产率及企业收益的影响

可见,通过贸易便利化措施来降低出口固定投入成本,主要提升了新进入企业的收益,而对于原有在位的出口企业不会产生任何影响。在本书我们称之为主要促进了扩展边际的增长。既然贸易便利化能够通过降低出口固定投入成本来促进扩展边际的增长,那出口固定投入成本是如何影响扩展边际增长的?影响程度如何?前文基于Melitz(2003)模型的分析并不能回答上述问题。下面我们借鉴Kancs(2007)的异质性企业贸易模型,试图对这些问题进行进一步的分析。

第二节 出口固定投入成本对贸易扩展边际影响的理论分析

一、扩展边际理论推导及界定

首先,假定存在R个国家,每个国家仅使用劳动力来生产商品。国家r一共有L_r单位的劳动力。其次,所有的国家使用相同的生产技术且仅存在两种类型的部门:传统部门A和制造业部门X。传统部门在完全竞争、规模报酬不变的环境下生产同质商品;制造业部门在垄断竞争环境中生产连续性有差异的商品,且每个企业是它所生产的多样性品种的垄断者。最后,传统部门生产的同质商品以零贸易成本交易,且同质商品在模型中被当作一个标价物(Numeraire),价格被标准化为1。鉴于每个国家都生产同质商品且同质商品被设为范数,因此,每个国家的工资被统一为1。制造业部门所生产的差异性产品出口会面临两种类型的贸易成本：可变贸易成本和出口固定投入成本。所有企业要进入出口市场都必须支付一个出口固定投入成本。

(一) 消费者和生产者行为基本设定

假定工人是所生产商品的唯一消费者。所有的消费者对传统部门和制造业部门所生产的商品有相同的 CES 偏好。一个消费者消费 C_A 单位的同质商品、N 种不同的制造业部门生产的商品，且每种商品 j 消费 x_j 单位，以此所获得的效用 U 为：

$$U = C_A^{\alpha_A} \left(\int_0^N (x_j)^{\frac{\sigma-1}{\sigma}} \right)^{\frac{\sigma-1}{\sigma}\alpha_x} \quad (4-25)$$

其中，σ_x 表示制造业部门商品种类之间的替代弹性，并且 α 表示消费者需求的参数，其决定了支出份额，并且 $\sigma_x > 1$，$\alpha_A + \alpha_x = 1$。

从国家 o 出口商品到国家 d 存在两种类型的贸易成本：可变贸易成本 τ_{od} 以及出口固定投入成本 FC_{od}。可变贸易成本采用冰山成本的形式，而出口固定投入成本是每个要出口的企业进入出口市场必须支付的。出口固定投入成本的存在使制造业部门产生了递增规模报酬的生产技术。

假定每个制造业企业采用一个随机的单位劳动力生产率 φ，并且生产率服从规模参数为 γ 的 Pareto 分布，则企业的生产率分布应为 $P(\tilde{\varphi} < \varphi) = F(\varphi) = 1 - \varphi^{-\gamma}$。变量 γ 是制造业部门企业异质性的逆测度，$\gamma > 2$ 且 $\gamma > \sigma - 1$。[①] 有较低 γ 的部门有更大的异质性，即意味着更多的产出集中在更大和更有效率的企业。

一个在国家 o 生产率为 φ 的企业生产 x 单位制造业部门的商品，并且出售给国家 d 所面临的成本如下：

$$c(x) = \frac{x}{\varphi} + FC_{od}$$

在垄断竞争框架下，国家 o 的企业 j 所生产的商品在国家 d 的最优定价是：

$$p_{od}(\varphi) = \frac{\sigma}{\sigma-1} \frac{\tau_{od}}{\varphi} \quad (4-26)$$

其中，p_{od} 是国家 o 生产并且出售给国家 d 的制造业部门所生产商品的定价。

[①] $\gamma > \sigma - 1$ 的假定确保了在均衡中，企业规模的分布是一个有限的均值 (mean)。如果这个假设偏离，那么一个任意高生产率的企业会以一个任意的高比例随意取代其他企业。

$\sigma > 1$ 的限制确保了产出价格 p_{od} 总是正的。

（二）均衡价格

鉴于企业的最优定价以及消费者的最优需求策略，我们能够得到企业从国家 o 出口到国家 d 的总出口量 e_{od}：

$$e_{od} = p_{od}(\varphi) x_{od}(\varphi) = \alpha L_d \left(\frac{p_{od}(\varphi)}{P_d} \right)^{1-\sigma} \quad (4-27)$$

其中，φ 是企业特定的生产率，P_d 是目的地国水平差异商品的总价格指数。如果在国家 o 只有那些生产率在截点生产率 $\bar{\varphi}_{rd}$ 之上的企业会出口到国家 d，那么价格指数 P_d 能够被式（4-28）定义：

$$P_d = \left(\sum_{r=1}^{R} L_r \int_{\bar{\varphi}_{rd}}^{\infty} \left(\frac{\sigma-1}{\sigma} \right) \frac{\varphi}{\tau_{rd}} dF(\varphi) \right)^{\frac{-1}{\sigma-1}} \quad (4-28)$$

则国家 o 的一个企业出口到国家 d 所获得的利润为：

$$\pi_{od}(\varphi) = \frac{r_{od}(\varphi)}{\sigma} - FC_{od} \quad (4-29)$$

其中，$r_{od}(\varphi)$ 是企业出口到国家 d 所获得的收益。

截点生产率截点 $\bar{\varphi}_{od}$ 对应着国家 o 出口到国家 d 所获得的利润恰能克服进入市场 d 的出口固定投入成本的企业的生产率：

$$\pi_{od}(\bar{\varphi}_{od}) = FC_{od} \quad (4-30)$$

$$\bar{\varphi}_{od} = \lambda_1 FC_{od}^{\sigma-1} (P_d^{\sigma-1} L_d)^{\frac{-1}{\sigma-1}} \tau_{rd} \quad (4-31)$$

其中，λ_1 是常数①。假定贸易壁垒足够高以确保对任意 j，r，有 $\bar{\varphi}_{od} > 1$。

根据式（4-28），国家 d 的价格指数可表示为：

$$P_d^{1-\sigma} = \sum_{r=1}^{R} L_r \int_{\varphi_{rd}}^{\infty} \left(\frac{\sigma-1}{\sigma} \frac{\tau_{rd}}{\varphi} \right)^{1-\sigma} dF(\varphi) \quad (4-32)$$

将式（4-31）的截点生产率代入，我们能够获得一般均衡价格指数 P_d：

$$P_d = \lambda_2 \left(\frac{L_d}{L} \right)^{\frac{1}{\gamma}} L_d^{\frac{-1}{\sigma-1}} \theta_d \quad (4-33)$$

---

① $\lambda_1 = \left(\frac{\sigma}{\alpha} \right)^{\frac{1}{\sigma-1}} \left(\frac{\sigma}{\sigma-1} \right)$。

其中，λ_2 是常数①并且 $\theta_d^{-\gamma} = \sum_{r=1}^{R} (L_r/L) \tau_{rd}^{-\gamma} FC_{rd}^{1-(\gamma/(\sigma-1))}$，其中 $L = \sum_{r=1}^{R} L_r$。变量 θ_d 是 d 距离世界其他地方的一个多边阻力变量。它的测量考虑了出口固定投入成本以及企业异质性对价格的影响。

把式（4-30）和式（4-33）结合，我们可获得从国家 o 出口到国家 d 的所有企业的平均生产率水平表达式。这个表达式是由出口固定投入成本 FC_{od}，国家 d 的多边阻力 θ_d，国家 d 的相对大小 L_d/L 以及双边单位贸易成本 τ_{od} 组成：

$$\tilde{\varphi}_{od} = \lambda_{\tilde{\varphi}} \left(\frac{L}{L_d}\right)^{\frac{1}{\gamma}} \left(\frac{\tau_{od}}{\theta_d}\right) FC_{od}^{\frac{1}{\sigma-1}} \quad (4-34)$$

其中，$\lambda_{\tilde{\varphi}}$ 是常数②。

（三）均衡出口、利润和截点生产率

在先前的部分，我们已经解决了在每个国家所交易货物的总价格指数。在这一部分我们使用一般均衡价格指数去解决企业水平的出口以及生产率门槛问题。

通过将式（4-33）的一般价格指数代入单个企业的出口函数（4-27）以及截点生产率式（4-31），我们获得了生产率截点为 $\bar{\varphi}_{od}$ 的产业中生产率为 φ 的单个企业从国家 o 到目的地国 d 的一般均衡出口 $e_{od}(\varphi)$：

$$e_{od}(\varphi | \varphi > \bar{\varphi}_{od}) = \lambda_3 \left(\frac{L_d}{L}\right)^{\frac{\sigma-1}{\gamma}} \left(\frac{\tau_{od}}{\theta_d}\right)^{1-\sigma} \varphi^{\sigma-1} \quad (4-35)$$

$$\bar{\varphi}_{od} = \lambda_4 \left(\frac{L}{L_d}\right)^{\frac{1}{\gamma}} \left(\frac{\tau_{od}}{\theta_d}\right)^{\sigma-1} FC_{od}^{\frac{1}{\sigma-1}} \quad (4-36)$$

其中，λ_3 和 λ_4 是常数③。根据式（4-35），企业的出口是国家的相对大小 L_d/L，双边贸易壁垒 FC_{od} 和 τ_{od} 以及 d 的多边阻力变量 θ_d 的函数。单个企业的出口依赖于运输成本 τ_{od}，弹性为 $1-\sigma$，以及目的地市场的大小 L_d，弹性为 $(\sigma-1)/\gamma$，并且 γ 的值会因市场规模的影响以及价格竞争的影响而小于 1。这两个弹性都比总贸易量的弹性小，原因是总贸易量还依赖于出口企业的数量 N_{od}，其由

---

① $\lambda_2 = \left(\frac{\gamma-(\sigma-1)}{\gamma}\right)^{\frac{1}{\gamma}} \left(\frac{\sigma}{\alpha}\right)^{\frac{1}{\sigma-1} - \frac{1}{\gamma}} \left(\frac{\sigma}{\sigma-1}\right)$。

② $\lambda_{\tilde{\varphi}} = \left(\frac{\sigma}{\alpha(\gamma-(\sigma-1))}\right)^{\frac{1}{\gamma}}$。

③ $\lambda_3 = \alpha \left(\frac{\gamma-(\sigma-1)}{\gamma}\right)^{\frac{\sigma-1}{\gamma}} \left(\frac{\sigma}{\alpha}\right)^{1-\frac{\sigma-1}{\gamma}}$，$\lambda_4 = \left(\frac{\sigma}{\alpha} \frac{\gamma}{\gamma-(\sigma-1)}\right)^{\frac{1}{\gamma}}$。

式 (4-37) 决定：

$$N_{od} = L_o P_d(\varphi > \varphi^*) = \lambda_E \frac{L_o L_d}{L} \left(\frac{\tau_{od}}{\theta_d}\right)^{-\gamma} FC_{od}^{-\frac{\gamma}{\sigma-1}} \quad (4-37)$$

其中，λ_E 是常数①。根据式 (4-37)，企业的数量 N_{od}，随着单位贸易成本 τ_{od}（弹性为 γ）、出口固定投入成本 FC_{od}［弹性为 $\gamma/(\sigma-1)$］以及出口国和目的地国的规模 L_r（弹性为 1）的改变而改变。

（四）二元边际的定义

将从出口国 o 到进口国 d 的总出口值 E_{od} 定义为：

$$E_{od} = e_{od} \times N_{od} = [e_{od}(\tilde{\varphi}_{od})] \times [N_{od}(.)] \quad (4-38)$$

即从 o 国到 d 国的总出口值 E_{od}，能够被分解为生产率在平均生产率 $\tilde{\varphi}_{od}$ 之上的每个企业的平均出口规模（集约边际）e_{od} 和出口企业的数量（扩展边际）N_{od} 的乘积。

将式 (4-35)、式 (4-37) 代入式 (4-38)，制造业部门 x 从国家 o 到目的地 d 的总出口 E_{od} 能够被表达为：

$$E_{od} = \left[\lambda_E^{\frac{\sigma-1}{\gamma}} \sigma \tilde{\varphi}^{\sigma-1} \left(\frac{L_d}{L}\right)^{\frac{\sigma-1}{\gamma}} \left(\frac{\tau_{od}}{\theta_d}\right)^{1-\sigma}\right] \left[\lambda_E \frac{L_o L_d}{L} \left(\frac{\tau_{od}}{\theta_d}\right)^{-\gamma} FC_{od}^{-\frac{\gamma}{\sigma-1}}\right] \quad (4-39)$$

类似于式 (4-38)，右边的第一项是贸易的集约边际，第二项是贸易的扩展边际。根据式 (4-39)，从国家 o 到目的地国 d 的总出口值 (fob.) 依赖于国家的相对规模 L_r/L，目的地国 d 的多边阻力 θ_d，以及贸易伙伴之间的双边运输成本（固定的和可变的）。总出口 E_{od} 可能由于企业出口平均值 e_{od} 的改变而改变，或由于企业数目 N_{od} 的改变而改变，或更进一步地说，总出口会因目的地不同而不同或随着贸易成本的改变而改变。

二、出口固定投入成本对扩展边际的影响

将式 (4-36) 代入式 (4-39) 并整理，我们获得了下面的总出口方程：

$$E_{od} = \alpha \frac{L_o L_d}{L} \left(\frac{\theta_d}{\tau_{od}}\right)^{\gamma} FC_{od}^{1-\frac{\gamma}{\sigma-1}} \quad (4-40)$$

根据式 (4-40)，从出口国 o 到目的地国 d 的总出口 (fob.) 依赖于国家的

---

① $\lambda_E = \alpha \left(\frac{\gamma - (\sigma-1)}{\gamma \sigma}\right)$。

相对规模 L_r/L，目的地国 d 的多边阻力项 θ_d，可变贸易成本 τ_{od}，以及出口固定投入成本 FC_{od}。

另外，根据式（4-37）、式（4-40），借鉴 Chaney（2008），我们可以获得总出口的出口固定投入成本弹性 ξ 和扩展边际的出口固定投入成本弹性 ζ：

$$\xi \equiv -\frac{\mathrm{d}\ln E_{od}}{\mathrm{d}\ln FC_{od}} = \frac{\gamma}{\sigma-1} - 1 \tag{4-41}$$

$$\zeta \equiv -\frac{\mathrm{d}\ln N_{od}}{\mathrm{d}\ln FC_{od}} = \frac{\gamma}{\sigma-1} \tag{4-42}$$

从式（4-41）、式（4-42）可以看出，当出口固定投入成本变化时，σ 的增加抑制了出口固定投入成本对总出口的影响，而 γ 的增加却增加了出口固定投入成本对总出口的影响，而 σ，γ 对扩展边际的影响亦然。即

$$\begin{cases} \dfrac{\partial \xi}{\partial \sigma} < 0 \\[6pt] \dfrac{\partial \xi}{\partial \gamma} > 0 \end{cases} \tag{4-43}$$

$$\begin{cases} \dfrac{\partial \zeta}{\partial \sigma} < 0 \\[6pt] \dfrac{\partial \zeta}{\partial \gamma} > 0 \end{cases} \tag{4-44}$$

这说明出口固定投入成本的总出口弹性和扩展边际弹性是由 σ 和 γ 共同决定的，并且 σ 越小，γ 越大，出口固定投入成本的总出口弹性和扩展边际弹性越大，反之亦然。

上述结果可解释为：当 σ 低时，每个企业能够占据的市场份额对生产率的差异相对不敏感。较低生产率的企业也能够占据相对大的市场份额，尽管必须制定比其他企业更高的价格。当出口固定投入成本降低时，一些有较低生产率的企业也能够进入。当商品的 σ 低时，这些新进入者相比较于已在位出口企业占据的市场份额相对大。因此，扩展边际在 σ 较低时会被出口固定投入成本强烈影响。反之，当 σ 较大时亦成立，而 γ 对扩展边际的影响恰同 σ 相反。当 γ 低时，企业的异质性高（产业中企业的集中度高），大企业的生产率要远高于小企业的生产率，产业中少数生产率较高的企业占据主要的市场份额。因此，当出口固定投入成本下降时，因小企业的生产率过低，既不会对小企业进入出口市场产生很大影响，也不会对扩展边际产生很大影响。当 γ 高时，即企业的异质性低时（产业中企业的集中度低），出口固定投入成本对扩展边际的影响就大。

因 σ，γ 对总出口流的出口固定投入成本弹性的影响也是通过扩展边际的渠道实现，因此，其影响机制类似于扩展边际。

第三节 本章小结

异质性企业贸易理论的出现已改变了对引力模型的解释。本书首先借鉴 Melitz（2003）的异质性企业贸易模型，分析了贸易便利化对贸易影响的机制，并重点分析了能降低出口固定投入成本的贸易便利化政策措施对企业出口行为的影响。进而借鉴 Kancs（2007）和 Chaney（2008）异质性企业贸易分析框架，推导出能反映市场结构的结构引力模型，从理论上厘清了出口固定投入成本、多边阻力等变量对扩展边际的影响机制，为后续分析出口固定投入成本对扩展边际的影响提供了理论基础。

第五章

出口固定投入成本对扩展边际影响的实证分析

传统贸易理论以及新贸易理论认为,一国的某一产业内的企业或者全部参与出口或都不参与出口,这可以由贸易成本中的固定因素所决定,例如,非关税贸易壁垒,与市场研究、建立国外分布网络或者建立国外合同有关的成本(Medin,2003)等。20世纪90年代后期,大量实证研究发现了企业的异质性,这也导致了企业异质性贸易理论研究的兴起。出口固定投入成本是异质性企业贸易理论的核心内容。对于异质性企业来说,出口固定投入成本是出口企业行为和其产品分布的重要决定因素(Arkolakis 和 Muendler,2010)。对异质性企业的实证研究也表明,特定市场的出口固定投入成本不仅影响企业进入或退出出口市场,而且也影响多产品出口企业的出口产品种类,而这些都表现为在扩展边际上的变化(Das et al.,2007;Maskus et al.,2005)。目前,出口固定投入成本对扩展边际影响的研究是国际经济学研究的前沿(Hummels 和 Klenow,2005;Evenett 和 Venables,2002;Felbermayr 和 Kohler,2006;Besedeš 和 Prusa,2007;Helpman et al.,2008)。大量研究发现,扩展边际在一国抵御经济波动冲击,促进贸易稳定增长中扮演重要角色,尤其对发展中国家,其贸易促进的作用更加明显(Hummels 和 Klenow,2005;Evenett 和 Venables,2002;邹宗森等,2019)。

对中国而言,改革开放几十年出口呈现井喷式增长,自20世纪90年代以来,更是达到了年均18.9%的增长率,出口额屡创新高,出口也成为中国持续繁荣的一个重要引擎。然而,我们也应该看到,在良好数据表现背后是中国出口抵御外围经济冲击的脆弱性。受1997年亚洲金融危机和2001年美国"9·11"恐怖袭击事件的影响,中国的出口增长曾一度大幅跌落,又受 2007 年美国"次贷"危机的影响,中国的出口更是一度跌落至 -10.8% 的负增长。中国出口要保持持续平稳的健康增长,就不能再沿袭以往只单纯重视数量增长,而忽视结构优化的做法。异质性企业贸易理论强调研究出口结构优化及其影响因素对一国贸易健康发展的重要性,尤其强调通过出口固定投入成本渠道影响一国出口扩展边际在一国出口结构优化中的重要性。那么,对中国而言,出口固定投入成本对扩展边际到底会产生何种影响呢? 而现有研究也发现,出口固定投入成本对替代弹性不同的产品的出口会产生不同影响,除此之外,异质性参数也会对贸易成本影响贸易的程度产生重要影响(Chaney,2008;Besedeš 和 Prusa,2007),那对中国的不同产业,出口固定投入成本对贸易会产生何种不同影响? 结构参数在其中发挥何种作用? 本章借鉴第四章的理论模型来获得进行实证分析的结构引力模型,并使用样本期为 2004~2007 年中国及 6 个主要贸易伙伴国制造业 29 个产业的相关数据,试图对上述问题进行解答①。

第一节 结构参数估计问题的提出

贸易成本如何影响贸易的问题对理解世界贸易结构以及经济发展非常重要,贸易成本对贸易的影响会因替代弹性和异质性参数的不同而不同(Crozet 和 Koenig,2010;Melitz 和 Ottaviano,2008)。既然结构参数是决定贸易成本影响贸易程度的关键因素,那么,我们要深入分析出口固定投入成本对扩展边际内在影响机制,首先对结构参数的估计就十分必要。

以往关于结构参数估计的研究一部分是针对多个结构参数进行估计,例如,与本书研究最相近的两篇文章:Kancs(2007)在对巴尔干半岛的 SEE(South Eastern Europe)各经济体 2 个结构参数——替代弹性和异质性参数——的估计以

---

① Melitz(2003)异质性企业贸易模型假定企业为进入国外市场需要支付两种固定成本——固定生产成本和出口固定投入成本,而 Kancs(2007)的异质性企业贸易模型则假定企业进入国外市场只需支付一种固定成本,即出口固定投入成本,这种假设不仅有利于简化对企业出口行为的分析,而且也更加凸显了出口固定投入成本在影响企业能否进入出口市场方面的重要作用。另外,鉴于本书主要任务之一即是结构参数的估计,而 Kancs(2007)的异质性企业贸易模型不仅为本书结构参数估计提供了坚实的理论基础,而且更重要的是,其为后续利用计量模型所估计出的系数来估计结构参数提供了一条可行路径,这一路径不仅弥补了以往估计结构参数必须做出过强假设弊端(Broda 和 Weinstein,2006),而且减少了结构参数估计对贸易数据细分水平的要求(Broda 和 Weinstein,2006;Crozet 和 Koenig,2010)。

及 Crozet 和 Koenig（2010）借鉴 Chaney（2008）的异质性企业贸易理论框架对 34 个行业的 3 个结构参数——替代弹性，异质性参数以及距离弹性进行的估计。其中，Kancs（2007）是借鉴了 Melitz（2003）的理论框架，并为了保证实证分析数据的可获得性而假定所有企业进入任何市场仅必须支付一个出口固定投入成本，以此来对 Melitz（2003）的理论框架进行修正。在此基础上，其推导出能够对替代弹性和异质性参数进行估计的结构引力模型，并使用 8 个 SEE 经济体在 1999~2004 年的数据来对结构参数进行估计，进而分析贸易自由化所带来的贸易成本的降低对各经济体的出口结构所带来的影响。实证结果发现，巴尔干半岛的自由贸易区（BFTA）主要通过促进被出口货物种类的增长而促进贸易的增长（贸易的扩展边际）。另外，国内的钱学峰（2008）借鉴 Kancs（2007）的研究，使用 2003~2006 年的中国对 7 个贸易伙伴国的总出口数据对中国的替代弹性和异质性参数进行了估计，并最终得到了替代弹性为 1.306，异质性参数为 0.377 的估计值，而 Crozet 和 Koenig（2010）则使用法国 1986~1992 年企业水平的出口信息，通过估计企业水平的引力方程、出口选择方程，以及将不同企业根据生产率大小排序的分布对 Chaney（2008）贸易模型的三个结构参数——替代弹性，异质性参数以及距离弹性进行估计。结果发现，所估计的参数（34 个产业中有 28 个）同 Chaney（2008）模型的理论预期一致。

另外，鉴于替代弹性在决定一国贸易模式（Broda 和 Weinstein，2006；施炳展，2010）和贸易成本对贸易影响程度的重要性（施炳展，2008；邹宗森等，2019），Klenow 和 Rodriguez-Clare（1997）校准了在哥斯达黎加贸易自由化影响的模型并且发现只有少量的获利。他们证明了被用在 Romer（1994）中的低的替代弹性以及大的进口份额能够说明贸易自由化所带来的获利水平的差异。大量的研究专门对替代弹性的大小进行了估计，例如，Broda 和 Weinstein（2006）为了测定美国进口多样性的增加对美国福利的影响，估计了 30000 个商品的替代弹性，并使用这些估计值验证了在有组织交易所进行交易的商品比那些不在交易所进行交易的商品的替代性更大，这同 Rauch（1999）的结论一致；多样性在更细分的产品分类上更容易相互替代；替代弹性的中位数已经随时间而下降，这表明商品正变得更有差异性。Hummels（2001）利用美国、新西兰等国 1992 年的数据，运用运输率和距离之间的技术关系推断 2 位数产业部门的替代弹性，结果发现，在使用 OLS 估计时，62 个产业中有 57 个产业的估计显著，且所估计的替代弹性的平均值为 5.6，但当使用 NLS 对 56 个产业进行估计时，有 41 个产业是估计显著，且替代弹性的平均值是9.3，其中大部分的产业的估计值是大体一致的。其认为，替代弹性平均值有较大差异是因为在使用 NLS 估计时，有几个产业的替代弹性的值过大。除此之外，还有 Erkel – Rousse 和 Mirza（2002）为了证明价格弹性和替代弹性是一致的理论预测，采用对相对进口价格合适的工具变量并且允许跨截面的固定影响，得到了大约为3.5的价格弹性，且在进行产业水平估计时，得出价格弹性的一般范围是1~7，这也再次证明了替代弹性因产业的不同而不同。

对国内而言，现有很多关于贸易成本测度的研究中会用到替代弹性的值，例如，施炳展（2008）、钱学锋和梁琦（2008）、许德友和梁琦（2010）、许统生等（2011）等，这些研究大都认为，替代弹性是个很难确定的值，一般借鉴 Anderson 和 Wincoop（2004）、Novy（2008）的做法，替代弹性取值为8。除此之外，还未见有专门针对替代弹性及其他结构参数进行估计的文献。

从以往研究来看，大部分关于结构参数的估计是针对替代弹性所进行的估计，且估计的方法大都是沿用 Anderson（1979）的开创性研究，即通过双边贸易流对贸易成本的回归系数来估计。这种方法的问题在于为了忽略内生性问题需要做出极度确定的假设，例如，假定贸易成本是完全转移给消费者，而这对贸易额比较大的国家是不恰当的（Broda 和 Weinstein，2006）。还有学者使用企业层面的数据来对替代弹性、异质性参数进行估计，例如，Crozet 和 Koenig（2010），但其方法需要大量的企业层面的数据，且在估计过程中忽略了出口固定投入成本对贸易的影响。因此，考虑到 Kancs（2007）异质性企业贸易模型对制造业部门生产差异性产品的假设以及希望对中国制造业出口行为进行更深入的探析，本书选择中国制造业作为研究对象，借鉴 Kancs（2007）参数估计的方法，对中国制造业不同产业的结构参数进行估计，以此为后续分析产业层面出口固定投入成本对扩展边际的影响提供支持。

第二节　结构参数估计

一、计量模型的设定

根据式（4-40）我们获得了进行实证估计的结构引力模型。

$$E_{od} = \alpha \frac{L_o L_d}{L} \left(\frac{\theta_d}{\tau_{od}} \right)^{\gamma} FC_{od}^{1-\frac{\gamma}{\sigma-1}} \tag{5-1}$$

其中，E_{od} 为从出口国 o 到目的地国 d 的总出口（fob.），α 为消费者需求参数，决定了消费者的支出份额；L_r/L 为国家的相对规模；θ_d 为目的地国 d 的多边阻力项；τ_{od} 为可变贸易成本；FC_{od} 为出口固定投入成本；σ 为制造业部门商品种类之间的替代弹性；γ 为制造业部门企业异质性的逆测度，$\gamma>2$ 且 $\gamma>\sigma-1$。[①] 较低 γ 的部门有更大的异质性，即意味着更多的产出集中在更大和更有效率的企业。

直接对式（5-1）进行估计会产生内生性问题，对于这一问题，我们采用两种不同的方法来解决。首先，借鉴 Honoré 和 Kyriazidou（2000），用右边解释变量的滞后项作为"工具变量"[②]来解决未观察到的个体异质性所带来的内生性问题；其次，借鉴 Kancs（2007）使用相对出口量代替绝对出口量来消除因解释变量和被解释变量相互影响产生的内生性问题[③]，例如，国家 o 的劳动需求和国家 o 出口量之间往往会互相影响。经过这两个变换后，出口方程变为：

$$\Delta E_{od} = (\Delta FC_{od})^{1-\frac{\gamma}{\sigma-1}} (\Delta \theta_{do})^{\gamma} \quad (5-2)$$

其中，$\Delta E_{od} \equiv E_{od}/E_{do}$ 是从国家 o 到国家 d 的相对出口，$\Delta FC_{od} \equiv FC_{od}/FC_{do}$ 是相对出口固定投入成本的比率，$\Delta \theta_{do} \equiv \theta_d/\theta_o$ 是出口国 o 和目的地国 d 之间的多边阻力比率。

借鉴 Kancs（2007），对式（5-2）取对数并将时间角标引入，最终获得了本书用于参数估计的线性引力方程：

$$\log \Delta E_{odt} = \beta_1 + \beta_2 \log \Delta FC_{odt-1} + \beta_3 \log \Delta \theta_{dot-1} + \varepsilon_{odt} \quad (5-3)$$

其中，β_1 是截距项，β_2 和 β_3 是需要被估计的系数，ε_{odt} 是随机预测误差。

从式（5-3）中我们可以看出：首先，两国的相对出口值会受两国的相对出口固定投入成本和相对多边阻力项影响，并且这些影响被企业集中度（异质性）的大小以及产品差异的程度（替代弹性）放大了。其次，一般情况下，一国出口固定投入成本越高出口值会越低。同样，一国相对贸易伙伴国的出口固定投入成本越高，该国同其贸易伙伴国之间的相对出口值应该越低（Kancs，2007；钱学峰，2008），因此我们预期 β_2 的符号为负。再次，多边阻力反映的是两个地

[①] $\gamma>\sigma-1$ 的假定确保了在均衡中，企业规模的分布是一个有限的均值（mean）。如果这个假设偏离，那么一个任意高生产率的企业会以一个任意的高比例随意取代其他企业。

[②] 尽管恰当地说，解释变量的滞后值并不是真正的工具变量，但因为考虑到我们分析的背景，这一做法确实能够减少内生性的困扰，因此，在本书中我们将其称为"工具变量"（Kancs，2007）。

[③] 在这一过程中对称的可变贸易成本 τ_{od} 也被消掉。

区的贸易随着双边贸易壁垒相对于这两个地区同其他所有贸易伙伴贸易的平均贸易壁垒的增加而减少（Anderson，1979；Anderson 和 van Wincoop，2003）。因此，一国的多边阻力越大越有利于促进该国同给定贸易伙伴国之间的双边贸易量。同样，一国给定贸易伙伴国与该国多边阻力的相对值越大，该国同贸易伙伴国之间的相对出口值应该越大（Kancs，2007；钱学峰，2008），因此，我们预期 β_3 的符号为正。最后，因为 $\beta_2 = 1 - [\gamma/(\sigma - 1)]$，$\beta_3 = \gamma$，因此，可以通过估计出来的系数 β_2 和 β_3 获得对参数 σ、γ 的估计。为了确保所获得的参数同理论贸易模型一致，我们强加了对参数 σ 和 γ 的限制，即 $\sigma > 1$，$\gamma > \sigma - 1$。

二、变量测度及数据说明

从式（5-3）可知，要获得 β_2 和 β_3 的值，需要获得关于中国同贸易伙伴国相对出口值，相对出口固定投入成本值以及相对多边阻力值。因考虑到从 2001 年中国加入 WTO 后，中国成为名副其实的出口大国以及力图反映中国出口受外界环境冲击（例如，2001 年美国"9.11"恐怖袭击和 2007 年美国"次贷"危机给中国出口所带来的冲击）的变化情况，更重要的是鉴于出口固定投入成本和计算多边阻力时数据的可获得性考虑，本书最终选择 2004~2007 年的数据对计量模型（5-3）进行估计①。样本国是中国与 6 个主要贸易伙伴国（法国、德国、印度、韩国、美国、日本），这 6 个贸易伙伴国都属于中国的前 10 大贸易伙伴国，在中国出口中占了重要的地位，能够从总体上较好地反映中国出口增长的结构。另外，根据异质性企业贸易理论对制造业的强调，本书最终选择中国与这 6 个贸易伙伴国按照国际标准产业 ISIC Rev3. 分类中门类为 D、类为 15~37 的制造业中 29 个产业作为研究对象②。

---

① 关于数据段选择的详细理由请看下文各变量数据来源说明。
② 这 29 个产业分别为：1511 肉类和肉制品的生产、加工及保藏，1520 乳制品的制造，1531 谷物磨制品的制造，1532 淀粉及淀粉制品的制造，1533 牲畜精饲料的制造，1541 烘烤食品的制造，1543 可可、巧克力及糖果的制造，1553 麦芽酒及麦芽的制造，1554 软饮料的制造和矿泉水生产，1730 针织及钩针编织物及其制品的制造，2010 锯木和刨木，2021 薄板的制造；胶合板、侧条芯细木工板、碎料板及其他嵌板和板条的制造，2022 建筑用木料及木材组件的加工，2023 木容器的制造，2101 纸浆、纸及纸板的制造，2102 瓦楞纸和瓦楞纸板以及纸容器和纸板容器的制造，2222 与印刷有关的服务，2421 农药及其他农用化工产品的制造，2422 颜料、清漆及类似涂料、印刷油墨及胶粘剂的制造，2424 肥皂和洗涤剂、清洁剂和擦亮剂、香水及盥洗用品的制造，2430 合成纤维的制造，2610 玻璃和玻璃制品的制造、未另分类的非金属制品的制造，2692 耐火陶瓷制品的制造，2693 结构性非耐火黏土制品的制造，2694 水泥、石灰及石膏的制造，2695 混凝土、水泥和石膏制品的制造，2696 石头的切割、成形和精加工，2710 基本钢铁的制造，2720 基本贵重有色金属的制造。

下面我们分别就这三个变量度量和数据来源进行说明。

(一) 双边相对出口值

中国与6个主要贸易伙伴的双边出口值数据可以通过联合国商品贸易统计数据库 UN Comtrade 直接获得。为了跟后续对多边阻力计算所需要产业数据的分类口径进行对接,本书选择按照 SITC 进行分类的出口数据。

在计算中国同贸易伙伴国 2004~2007 年 29 个制造业产业双边相对出口值时,存在中国某一贸易伙伴国在某一年份的某一产业与中国之间的出口值为零的情况,而这会导致相对出口值的计算无意义。对于"零值"情况的处理,本书假定零值为 0.01,最后借鉴钱学锋和熊平 (2010),对中国同贸易伙伴国相对出口值取 $\ln(1+\Delta E_{od})$ 代入模型。以 1531 谷物磨制品的制造业为例,中国同 6 个主要贸易伙伴国的相对出口值如图 5-1 所示①。从图 5-1 可看出,在 2004~2007 年中国同主要贸易伙伴国之间谷物磨制品的制造业的相对出口值呈现不同程度的波动性,说明这期间受世界外围环境不稳定的影响,不同国家的出口都受到不同程度的影响。

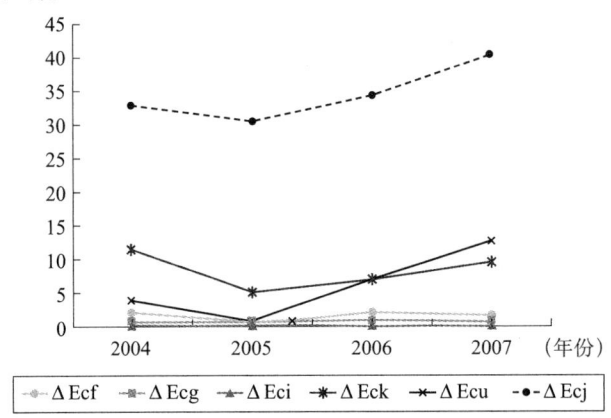

图 5-1 中国同六个贸易伙伴的双边相对出口 (以 1531 谷物磨制品的制造业为例)

注:ΔEcf、ΔEcg、ΔEci、ΔEck、ΔEcu、ΔEcj 分别是中法、中德、中印、中韩、中美和中日谷物磨制品制造业的相对出口值。

资料来源:作者根据联合国商品贸易统计数据库 UN Comtrade 整理计算而得。

---

① 为了行文简洁以及图示的可观性,本书只选取了中国与主要贸易伙伴国谷物磨制品制造业的相对出口值进行了分析,而实际上大部分产业的相对出口值在这一阶段都呈现了不同程度的波动性。中国与 6 个主要贸易伙伴国的 29 个产业的相互出口值可参见附表 1。

(二) 出口固定投入成本

关于出口固定投入成本度量，有的学者使用滞后一期的出口变量来表示（许统生等，2011），也有的学者使用世界银行 Doing Business 报告中"跨境贸易"出口一个特定的 20 英尺集装箱所发生的时间或费用指标度量（陈勇兵，2012），还有学者使用 Doing Business 报告中"开始商业活动"的成本进行度量（Dennis 和 Shepherd，2011；钱学峰，2008）。因本书进行实证的时间段为 2004～2007年，在 Doing Business 报告中"跨境贸易"的时间或费用指标是从 2005 年开始统计，而"开始商业活动"的成本是从 2003 年开始统计，因此，本书选择"开始商业活动"所需成本作为衡量出口固定投入成本的指标变量，并取对数代入计量模型。中国同主要贸易伙伴国 2004～2007 年相对出口固定投入成本的变化情况见表 5-1。从表 5-1 可知，2004～2007 年，中国同六个贸易伙伴国的相对出口固定投入成本整体趋于不断降低，尤其是中美之间相对出口固定投入成本降低更加显著，降低幅度超过了 50%。因为出口固定投入成本主要反映流程、制度因素，这说明中国在此期间所采取的流程、制度改革取得了明显的成效，且比主要的贸易伙伴国的进步都要大。

表 5-1 中国同六个贸易伙伴国双边相对出口固定投入成本

年份	中法	中德	中印	中韩	中美	中日
2004	11.333	2.894	0.220	0.895	27.200	1.271
2005	8.455	1.824	0.126	0.612	13.286	1.240
2006	7.636	1.474	0.113	0.497	12.000	1.120
2007	8.400	1.500	0.120	0.497	12.000	1.120

资料来源：作者根据世界银行 Doing Business 中的"Starting a Business"所需成本的指标计算而得。

(三) 多边阻力

根据 Kancs（2007），多边阻力的定义为 $\theta_d^{-\gamma} \equiv \sum_{r=1}^{R}(L_r/L)\tau_{rd}^{-\gamma}FC_{rd}^{1-(\gamma/(\sigma-1))}$。因对多边阻力的估计存在大量的变量值，大多数学者对其采用了简化的方式。例如，Chaney（2008）使用双边距离作为可变贸易成本 τ 的代理变量，且在计算中排除了出口固定投入成本等，而本书考虑到对产业层面数据的分析以及产业层面数据的可获得性则仍然沿用 Kancs（2007）、钱学峰（2008）的思路，

使用 $\theta_r^{-\gamma} \equiv \sum_{r=1}^{R}(L_r/L)\phi_{rd}$ 来定义多边阻力，并在一定假设下，对双边贸易自由度的指数 ϕ_{od} 按照下式计算：

$$\phi_{od} = \sqrt{\frac{E_{od}E_{do}}{E_{oo}E_{dd}}}$$

其中，ϕ_{od} 是贸易自由度指数，E_{od} 是某一产业从原产地国家 o 到目的地国家 d 的出口值，且 E_{do} 是相同产业从 d 到 o 的出口值。分母中的 E_{oo} 和 E_{dd} 是出口国和进口国该产业所生产商品的国内销售值。它们是通过一个产业的产出值减去该产业的出口值来计算获得。因此，要计算多边阻力我们需要获得中国和六个贸易伙伴国不同产业的雇用者人数（用来反映产业的规模）L_r 以及不同国家与其贸易伙伴国之间的自由度 ϕ_{od} 数据。而根据前文，要计算 ϕ_{od} 还需要获得不同国家、不同产业商品的国内销售值。而上述的数据都可通过来自于联合国工业发展组织（UNIDO）出版的《国际工业统计年鉴》（International Yearbook of Industrial Statistics）直接或间接获得。UNIDO 每年收集其成员国的相关工业数据，而我们选择这 29 个产业的雇用人数（Number of Employees）和产业附加值（Value Added）这两个指标的统计数据。其中各国不同产业附加值去掉当年该产业的出口值作为对应各国年内本国的销售值指标。

但应该注意的是，在数据处理中存在不同统计口径，不同来源的指标数据之间的对接问题。例如，对于来源于《国际工业统计年鉴》的雇用人数和产业附加值这两个指标，大部分成员国在 2008 年之前都是使用 ISIC Rev3. 的产业分类对各工业指标进行统计，而韩国从 2007 年开始采用最新的 ISIC Rev4. 版本的产业分类对各工业指标进行统计。因此，我们在获取数据过程中就存在 ISIC Rev3. 产业分类和 ISIC Rev4. 产业分类的对接问题。另外，我们也存在贸易数据分类和产业数据分类的对接问题。因为 UN Comtrade 对贸易数据的统计主要按照 HS、SITC 和 BEC 三种分类方式对各国的出口数据进行统计。对于 ISIC Rev3. 产业分类和 ISIC Rev4. 产业分类的对接问题，我们通过欧盟委员会网站可以获得 ISIC Rev3. 和 ISIC Rev3.1，以及 ISIC Rev3.1 和 ISIC Rev4. 的对应表格。因此，我们先将 ISIC Rev3. 的相关产业和 ISIC REV3.1 对应产业对接，然后再将 ISIC Rev3.1 相关产业同 ISIC Rev4. 的对应产业对接，最终获得 ISIC Rev3. 和 ISIC Rev4. 的对应表格，以此来统一使用 ISIC Rev3. 的数据为实证所需要的数据统计分类。而对于 UN Comtrade 贸易数据和《国际工业统计年鉴》产业数据的对接问题，我们根据需要，选用了按照 SITC Rev3. 统计的贸易数据，并采用欧盟委员会 SITC Rev3. 和 ISIC Rev3. 的对应表格来对数据进行对接（具体的转换表格见附表2）。最终，我们选用 2004~2007 年中国和六个贸易伙伴国按照 ISIC Rev3. 分类的产业工业指标值和贸易数据。其中产业方面工业指标的数据是我们能在 2007~2012 年《国际工业统计年鉴》上获得的最新的数据[①]。

经过计算，我们发现中国同六个主要贸易伙伴国大部分产业的相对贸易自由度和相对多边阻力都具有一定的波动性，但总体上 2004~2006 年中国同各国的贸易自由化呈现出不断增加的趋势，但 2007 年各国表现并不一致，例如，以2023 木容器的制造业为例（见表 5-2 和表 5-3[②]），中法、中美、中日之间的贸易自由度明显下降，而中德、中印和中韩之间的贸易自由度则仍保持增加的趋势。这说明，总体上而言，开始于 2007 年的美国"次贷"危机对中国及其贸易伙伴国的出口都产生了一定的负面影响，且这些负面影响对不同国家的影响程度不同。对多边阻力而言，则呈现出了更多的变化，我们认为，这主要是因为影响多边阻力的因素更多，且某些因素，例如，产业从业人数对外围经济冲击调整存在一定的时滞。

表 5-2　中国同六个贸易伙伴国的贸易自由度（以 2023 木容器的制造业为例）

年份	中法	中德	中印	中韩	中美	中日
2004	0.00554	0.00300	0.00000	0.00599	0.00581	0.00773
2005	0.00362	0.00248	0.00127	0.00513	0.00447	0.00763
2006	0.00918	0.00267	0.00337	0.00718	0.00848	0.00879
2007	0.00573	0.00336	0.00379	0.00728	0.00431	0.00689

资料来源：作者根据相关数据计算而得。

另外，从钱学峰（2008）对中国同主要贸易伙伴国之间 2003~2006 年的总体贸易自由度和多边阻力的测算比较来看，我们所测算的不同产业贸易自由度和多边阻力变化的范围要显著大于总体测算值[③]，而 Kancs（2007）对 SEE（South

---

① 《国际工业统计年鉴》中很多国家存在不同年份、不同指标数据的缺失，为了选择尽可能多的贸易国并尽可能跟 Doing Business 报告从 2003 年开始对 "Starting a Business" 指标统计的数据限制进行协调，本书最终选择 2004~2007 年数据段作为实证分析的时间段。

② 为了行文简洁及可观性，本书只选取了中国与主要贸易伙伴国木容器制造业的自由度和多边阻力在 2004~2007 年的变化情况。而实际上中国同其贸易伙伴国大部分产业的贸易自由度和多边阻力在这一阶段都呈现了不同程度的波动性。具体可参见附表3和附表4。

③ 钱学峰（2008）对总体贸易自由度和多边阻力的测算范围分别为 0.004~0.06 以及 0.22~2.06，而本书所测算的这两项指标的范围更宽泛，例如，2023 木容器的制造业贸易自由度和多边阻力的范围分别为 0~0.009 以及 0.104~1.777，2720 基本贵重有色金属的制造业贸易自由度和多边阻力的范围则分别为 0.009~0.2 以及 0.053~0.124。

Eastern Europe）内部各国贸易自由度的测算显示，贸易自由度在 1999~2004 年之间不断增加，在 2004 年贸易自由度的范围为 0.125~0.176，这比本书测算的很多产业的贸易自由度都要高。上述这些说明了贸易开放水平因产业不同而不同；中国在增加贸易开放度和便利化方面还有很大的进步空间。

表 5-3　中国同六个贸易伙伴国的相对多边阻力（以 2023 木容器的制造业为例）

年份	中法	中德	中印	中韩	中美	中日
2004	0.609	0.330	0.104	0.166	1.658	0.305
2005	0.613	0.388	0.129	0.196	1.664	0.274
2006	0.586	0.355	0.111	0.206	1.713	0.272
2007	0.544	0.363	0.167	0.155	1.777	0.248

资料来源：作者根据相关数据计算而得。

三、产业水平结构参数的估计

在获得了实证所需要的数据后，按照式（5-3），对中国同六个贸易伙伴国的双边相对出口量进行面板估计，得到相应的参数值。为了保证结果的稳健性，我们用混合回归、固定效应模型和随机效应模型分别对这 29 个产业各自进行回归，并根据 F 检验、LM 检验和 Hausman 检验来决定最终使用哪种模型的回归结果。结果发现，对于大部分产业（29 个产业中有 22 个产业）来说，模型系数估计结果符合理论模型的预期。其余七个产业[1]的符号预期同理论不符，预期同理论相符的产业占了所检验产业的 75.86%，而我们只报告了这 22 个产业的回归结果，如表 5-4 所示。

表 5-4　中国产业水平结构引力模型参数估计

产业代码	产业名称	β_2 ($\beta_2 = 1 - [\gamma/(\sigma-1)]$)	β_3 ($\beta_3 = \gamma$)	N	R^2	回归模型	σ	γ
1520	乳制品的制造	-0.764 (-0.870)	4.960 (0.590)	24	0.044	混合效应	—	—
1531	谷物磨制品的制造	-1.657*** (-3.800)	15.951*** (2.450)	24	0.399	随机效应	7.004	15.951

---

[1] 这七个产业分别为：1511 肉类和肉制品的生产、加工及保藏，1532 淀粉及淀粉制品的制造，1553 麦芽酒及麦芽的制造，2022 建筑用木料及木材组件的加工，2421 农药及其他农用化工产品的制造，2422 颜料、清漆及类似涂料、印刷油墨及胶粘剂的制造，2694 水泥、石灰及石膏的制造。

续表

产业代码	产业名称	β_2 ($\beta_2 = 1 - [\gamma/(\sigma-1)]$)	β_3 ($\beta_3 = \gamma$)	N	R^2	回归模型	σ	γ
1533	牲畜精饲料的制造	-1.777*** (-8.280)	18.577*** (3.020)	24	0.79	随机效应	7.689	18.577
1541	烘烤食品的制造	-0.209 (-0.160)	52.683** (2.860)	24	0.196	混合效应	—	—
1543	可可、巧克力及糖果的制造	-0.952 (-1.300)	2.786 (0.520)	24	0.147	混合效应	—	—
1554	软饮料的制造和矿泉水生产	-2.217** (-2.470)	28.172** (2.850)	24	0.385	混合效应	9.757	28.172
1730	针织及钩针编织物及其制品的制造	-0.803*** (-3.770)	2.052 (1.000)	24	0.147	随机效应	—	—
2010	锯木和刨木	-1.013** (-2.070)	0.020 (0.010)	24	0.409	随机效应	—	—
2021	薄板的制造；胶合板、侧条芯细木工板、碎料板及其他嵌板和板条的制造	-0.806** (-1.970)	4.750*** (2.810)	24	0.269	随机效应	3.631	4.75
2023	木容器的制造	-1.551** (-2.700)	4.398** (3.020)	24	0.296	混合效应	2.724	4.398
2101	纸浆、纸及纸板的制造	-1.387** (-2.650)	3.603** (3.600)	24	0.365	固定效应	2.509	3.603
2102	瓦楞纸和瓦楞纸板以及纸容器和纸板容器的制造	-0.599** (-2.010)	12.430** (2.490)	24	0.262	随机效应	8.776	12.43
2222	与印刷有关的服务	-2.400*** (-10.050)	7.667** (1.680)	24	0.469	随机效应	3.255	7.667
2424	肥皂和洗涤剂、清洁剂和擦亮剂、香水及盥洗用品的制造	-0.132 (-1.030)	4.275*** (2.540)	24	0.633	随机效应	—	—
2430	合成纤维的制造	-0.549 (-1.070)	4.071 (0.840)	24	0.216	固定效应	—	—
2610	玻璃和玻璃制品的制造、未另分类的非金属制品的制造	-0.101 (-0.290)	3.990 (0.480)	24	0.025	混合效应	—	—
2692	耐火陶瓷制品的制造	-0.262** (-2.000)	9.982* (1.760)	24	0.66	随机效应	8.908	9.982
2693	结构性非耐火黏土制品的制造	-1.209*** (-2.710)	13.309*** (4.190)	24	0.557	随机效应	7.025	13.309

续表

产业代码	产业名称	β_2 ($\beta_2 = 1 - [\gamma/(\sigma-1)]$)	β_3 ($\beta_3 = \gamma$)	N	R^2	回归模型	σ	γ
2695	混凝土、水泥和石膏制品的制造	-0.338 (-0.830)	0.767 (0.320)	24	0.046	混合效应	—	—
2696	石头的切割、成形和精加工	-2.280*** (-2.560)	3.994 (1.070)	24	0.482	随机效应	—	—
2710	基本钢铁的制造	-1.166*** (-2.980)	14.661 (1.330)	24	0.3	固定效应	—	—
2720	基本贵重有色金属的制造	-0.224* (-1.930)	2.001 (0.330)	24	0.328	固定效应	—	—
均值							6.1278	11.8839

注：括号内为t值。***、**、*分别表示在1%、5%和10%的显著性水平下显著。

（一）回归结果分析

由表5-4的回归结果我们可以得出：

1. 双边出口流受出口固定投入成本负向影响

系数β_2的估计对所有这22个产业都是负的。其中系数β_2估计显著的有15个产业，占据了22个产业的68.18%。这说明，对大部分产业而言，出口固定投入成本确实对出口产生负向影响。另外，估计出的β_2绝对值的范围在0.224~2.400，其中受出口固定投入成本影响最大的是2222与印刷有关的服务业（2.400），最小的是2720基本贵重有色金属的制造业（0.224）。可见，不同产业的出口受出口固定投入成本的影响有较大的差异，影响最大和最小的产业相差超过10倍。除此之外，受出口固定投入成本影响比较大的产业还有2696石头的切割、成形和精加工业（2.280）、1554软饮料的制造和矿泉水生产业（2.217）、1533牲畜精饲料的制造业（1.777）以及1531谷物磨制品的制造业（1.657）；而受出口固定投入成本影响比较小的还有2692耐火陶瓷制品的制造业（0.262）、2102瓦楞纸和瓦楞纸板以及纸容器和纸板容器的制造（0.599）、1730针织及钩针编织物及其制品的制造业（0.803）以及2021薄板的制造；胶合板、侧条芯细木工板、碎料板及其他嵌板和板条的制造（0.806）。

2. 多边阻力对双边出口流产生正向影响

系数β_3的估计对所有这22个产业都是正的。其中，β_3估计显著的有12个产业，占据了22个产业的54.54%。这说明，对超过50%的产业，多边阻力确实促进了这些产业出口的增长。β_3估计的范围在3.6~53，其中受多边阻力影响最大的是1541烘烤食品的制造业（52.683），影响最小的是2101纸浆、纸及纸板的制造业（3.603）。可见，不同产业的出口受多边阻力的影响差异相差更大，影响最大和最小的产业相差将近15倍。除此之外，受多边阻力影响较大的产业还有1554软饮料的制造和矿泉水生产业（28.172）、1533牲畜精饲料的制造业（18.577）、1531谷物磨制品的制造业（15.951）以及2693结构性非耐火黏土制品的制造（13.309）；而受多边阻力影响较小的还有2424肥皂和洗涤剂、清洁剂和擦亮剂、香水及盥洗用品的制造业（4.275）、2023木容器的制造业（4.398）以及2021薄板的制造；胶合板、侧条芯细木工板、碎料板及其他嵌板和板条的制造业（4.750）。

3. 同时从出口固定投入成本和多边阻力两个角度看

受出口固定投入成本和多边阻力影响都比较大的是1554软饮料的制造和矿泉水生产业、1533牲畜精饲料的制造业、1531谷物磨制品的制造业等；而受出口固定投入成本和多边阻力影响都比较小的是2021薄板的制造；胶合板、侧条芯细木工板、碎料板及其他嵌板和板条的制造业、2692耐火陶瓷制品的制造业等。

（二）结构参数估计结果分析

根据公式$\beta_2 = 1 - [\gamma/(\sigma-1)]$，$\beta_3 = \gamma$并使用对$\beta_2$，$\beta_3$的估计结果，可以计算结构参数$\sigma$和$\gamma$，而计算结构参数，需要对$\beta_2$，$\beta_3$的估计结果都显著。根据表5-4可知，有10个产业满足要求。因此，我们计算异质性参数γ和替代弹性σ就以这10个产业为准。所计算的结构参数和替代弹性如表5-4所示，从表5-4可知：

（1）替代弹性和异质性参数的值都同理论预期一致，即σ值严格大于1，并且γ大于$\sigma-1$。

（2）替代弹性的范围在2.5~9.76，平均值是6.13。最大值产业是1554软饮料的制造和矿泉水生产业（9.757），最小值产业是2101纸浆、纸及纸板的制造业（2.509）。除此之外，替代弹性比较大的产业还有2692耐火陶瓷制品制造业（8.908）、2102瓦楞纸和瓦楞纸板以及纸容器和纸板容器的制造业（8.776）、1533牲畜精饲料的制造业（7.689）；而替代弹性比较小的产业还有2023木容器的制造业（2.724）、2222 与印刷有关的服务业（3.255）以及 2021 薄板的制造；胶合板、侧条芯细木工板、碎料板及其他嵌板和板条的制造业（3.631）。可见，不同产业商品的替代弹性有很大差别，这说明贸易成本对不同产业出口的影响程度会有很大差异。钱学峰（2008）使用总体的贸易数据估计出替代弹性的值为 1.306，小于本书估计的最小值，这印证了我们关于产品细分水平越大相互之间的替代性越高的认识。除此之外，还有大量的研究基于产品细分水平的不同对替代弹性进行了估计。例如，Crozet 和 Koenig（2010）对 28 个产业所估计的替代弹性值的范围是在 1.15~6.01，平均值是 2.25。Broda 和 Weinstein（2006）使用三位数的数据估计这些值时，这个估计值在 4~6.8。Eaton 和 Kortum（2002）的估计结果的平均值大约为 8.3，Hummels（2001）用美国、新西兰等国 1992 年的数据对 62 个 2 位数商品替代弹性进行估计得到替代弹性的平均值是 5.6 并且大多数商品替代弹性的范围在 3~8。

（3）所估计的异质性参数的范围在 3.6~28.2，平均值是 11.88。最大值是 1554 软饮料的制造和矿泉水生产（28.172），最小值是 2101 纸浆、纸及纸板的制造业（3.603）。除此之外，异质性参数比较大的产业还有 1533 牲畜精饲料的制造业（18.577）、1531 谷物磨制品的制造业（15.951）、2693 结构性非耐火黏土制品的制造业（13.309）；异质性参数比较小的产业还有 2023 木容器的制造业（4.398）、2021 薄板的制造；胶合板、侧条芯细木工板、碎料板及其他嵌板和板条的制造业（4.75）以及 2222 与印刷有关的服务（7.667）。可见，不同产业的企业集中度有很大差异，而这意味着贸易成本对不同产业的影响除了受替代弹性的影响外，还会受到异质性参数的影响（Chaney，2008）。钱学峰（2008）对使用总体的贸易数据估计出异质性参数的值为 0.377，远小于本书估计的最小值，我们推测这可能是因为针对制造业的估计，而制造业之外的其他部门，例如，矿业、运输、通信及公用事业中的企业往往垄断性特征突出，企业集中度极高，拉低了总体的异质性参数值。

第三节　出口固定投入成本对扩展边际的影响分析

一、出口固定投入成本的扩展边际弹性和总出口弹性

为了分析出口固定投入成本对扩展边际的影响，首先，我们必须对扩展边际

进行定义，同时为了同出口固定投入成本影响总出口的程度进行比较，我们也需要给出总出口的定义。实际上目前对扩展边际并没有统一的定义，对其定义随着研究背景的不同而改变（张凤、孔庆峰，2013）。扩展边际的概念最早源于经济学中对消费者是否进入市场行为的描述（范里安，2006）。异质性企业贸易理论中的扩展边际也有类似的含义。从跨部门截面维度来看，扩展边际经常被定义为出口产品种类的范围或出口企业的数目；而从时间维度来看，扩展边际的增长主要指的是新出口产品的种类，旧产品出口到新的目的地或者出口企业数量的增长（Persson，2008）。根据第四章的分析，借鉴 Kancs（2007）将扩展边际定义为出口企业的数量[①]，即

$$N_{od} = L_o P_d(\varphi > \varphi^*) = \lambda_E \frac{L_o L_d}{L} \left(\frac{\tau_{od}}{\theta_d}\right)^{-\gamma} FC_{od}^{-\frac{\gamma}{\sigma-1}} \quad (5-4)$$

其中，λ_E 是常数。根据式（5-4），扩展边际 N_{od} 随着单位贸易成本，τ_{od}（弹性为 γ），出口固定投入成本 FC_{od}（弹性为 $\gamma/(\sigma-1)$）以及出口国和目的地国的规模 L_r（弹性为1）的改变而改变。

而将从出口国 o 到进口国 d 的总出口 E_{od} 定义为：

$$E_{od} = \alpha \frac{L_o L_d}{L} \left(\frac{\theta_d}{\tau_{od}}\right)^{\gamma} FC_{od}^{1-\frac{\gamma}{\sigma-1}} \quad (5-5)$$

根据式（5-5），从出口国 o 到目的地国 d 的总出口 E_{od}（fob.）依赖于国家的相对规模 L_r/L，目的地国 d 的多边阻力项 θ_d，可变贸易成本 τ_{od}，以及出口固定投入成本 FC_{od}。

同样，根据第四章可知，关于出口固定投入成本的扩展边际弹性和总出口弹性分别为：

$$\zeta \equiv -\frac{\mathrm{dln}N_{od}}{\mathrm{dln}FC_{od}} = \frac{\gamma}{\sigma-1} \quad (5-6)$$

$$\xi \equiv -\frac{\mathrm{dln}E_{od}}{\mathrm{dln}FC_{od}} = \frac{\gamma}{\sigma-1} - 1 \quad (5-7)$$

从式（5-6）、式（5-7）可以看出，当出口固定投入成本变化时，σ 的增加抑制了出口固定投入成本对扩展边际的影响，而 γ 的增加却增加了出口固定投

[①] 尽管在理论上也有不同于 Kancs（2007）对扩展边际的定义，例如，Chaney（2008），然而，尽管定义不同，但在分析出口固定投入成本对扩展边际的影响程度时，其用结构参数表示的有关出口固定投入成本的扩展边际弹性是一样的（Chaney，2008），因此，我们认为，单产品异质性企业贸易模型下出口固定投入成本对扩展边际的影响程度具有一定的稳健性。

入成本对扩展边际的影响,而 σ,γ 对总出口的影响亦然。这说明对于产品差异程度越高,垄断性越低的产业,出口固定投入成本变化对其扩展边际和总出口的影响越大。

下面我们就根据表5-4中所测算的10个产业的 σ 和 γ 值,来计算这10个产业有关出口固定投入成本的扩展边际弹性和总贸易流弹性,结果如表5-5所示。

从表5-5可知,出口固定投入成本的扩展边际弹性要高于总出口弹性[①],分析其原因主要是总出口的增加除了受扩展边际的影响之外,还要受集约边际的影响。另外,根据表5-5可以看出,出口固定投入成本对不同产业总出口和扩展边际的影响是不同的。有关出口固定投入成本的扩展边际弹性(总出口弹性)最大的是2222与印刷有关的服务业,其扩展边际弹性达到了3.4(总出口弹性2.4),最小的是2692耐火陶瓷制品的制造业,其有关出口固定投入成本的扩展边际弹性仅为1.262(总出口弹性则为0.262),前者出口固定投入成本的扩展边际弹性几乎为后者的3倍(总出口弹性则为将近10倍)。这说明出口固定投入成本下降对不同产业的出口会产生非常大的差异,且替代弹性越低,产业集中度越低的产业,在出口固定投入成本下降时对扩展边际及总出口的影响越大,反之亦然。除此之外,受出口固定投入成本下降影响较大的还有2222软饮料的制造和矿泉水生产业,其出口固定投入成本的扩展边际弹性为3.217(总出口弹性则为2.217);1533牲畜精饲料的制造业,其出口固定投入成本的扩展边际弹性为2.777(总出口弹性则为1.777);1531谷物磨制品的制造业,其出口固定投入成本的扩展边际弹性为2.657(总出口弹性则为1.657),而受出口固定投入成本下降影响较小的则为2102瓦楞纸和瓦楞纸板以及纸容器和纸板容器的制造业,其出口固定投入成本的扩展边际弹性仅为1.599(总出口弹性则为0.599);2021薄板的制造;胶合板、侧条芯细木工板、碎料板及其他嵌板和板条的制造业,其出口固定投入成本的扩展边际弹性仅为1.805(总出口弹性则为0.805)。

---

① Kancs(2007)将集约边际定义为生产率在平均生产率之上的每个企业的平均出口规模:$e_{od}(\varphi \mid \varphi > \bar{\varphi}_{od}) = \lambda_3 \left(\frac{L_d}{L}\right)^{\frac{\sigma-L}{\gamma}} \left(\frac{\tau_{od}}{\theta_d}\right)^{L-\sigma} \varphi^{\sigma-l}$,因本书的重点是分析扩展边际且异质性企业贸易理论认为出口固定投入成本只对扩展边际产生影响(Melitz,2003;Chaney,2008),因此,本书在此忽略对集约边际变化的影响分析。

表5-5　出口固定投入成本的总出口弹性和扩展边际弹性

产业代码	产业名称	σ	γ	ξ	ζ
1531	谷物磨制品的制造	7.004	15.951	1.657	2.657
1533	牲畜精饲料的制造	7.689	18.577	1.777	2.777
1554	软饮料的制造和矿泉水生产	9.757	28.172	2.217	3.217
2021	薄板的制造；胶合板、侧条芯细木工板、碎料板及其他嵌板和板条的制造	3.631	4.75	0.805	1.805
2023	木容器的制造	2.724	4.398	1.551	2.551
2101	纸浆、纸及纸板的制造	2.509	3.603	1.388	2.388
2102	瓦楞纸和瓦楞纸板以及纸容器和纸板容器的制造	8.776	12.43	0.599	1.599
2222	与印刷有关的服务	3.255	7.667	2.400	3.400
2692	耐火陶瓷制品的制造	8.908	9.982	0.262	1.262
2693	结构性非耐火黏土制品的制品	7.025	13.309	1.209	2.209

二、出口固定投入成本下降10%对扩展边际和总出口的影响

为了对出口固定投入成本对扩展边际和总出口的影响有一个更直观的认识，我们使用计算出来的两个参数，模拟出口固定投入成本下降10%对10个产业的影响，计算结果见表5-6。

从表5-6中可知：出口固定投入成本下降10%对扩展边际产生正向影响。其范围为14.22%～43.08%。其中获利最大的是2222与印刷有关的服务业（43.08%），最小的是2692耐火陶瓷制品的制造业（14.22%）。这10个产业扩展边际增加的平均值是28.89%，而出口固定投入成本下降10%，对总出口同样产生正向影响，且范围在2.8%～28.8%。其中获利最大的是2222与印刷有关的服务业（28.77%），获利最小的是2692耐火陶瓷制品的制造业（2.8%）。这10个产业的平均获利是16%。这说明出口固定投入成本对扩展边际的影响要比对总出口的影响更大。另外，出口固定投入成本下降对不同产业产生的影响不同，但总的来说通过出口固定投入下降所能获得的贸易利得还是很大的，而钱学峰（2008）对中国2003～2006年总出口数据分析得出，出口固定投入成本下降10%会促进扩展边际增加13.86%，总出口增加2.47%，这两个值都明显低于本书对10个产业估计的最小值，我们认为，这是因为对出口固定投入成本下降不敏感部门的存在拉低了总扩展边际和总出口对出口固定投入成本的敏感性。

从上面的分析来看，除了对一国贸易的整体影响以外，产业层面的出口对出口固定投入成本的变化更敏感。贸易政策会对不同产业产生不同影响，进而影响

市场结构。因此,企业异质性成为分析贸易政策的关键(Crozet 和 Koenig,2010)。

表5-6 出口固定投入成本下降对中国总出口和扩展边际的影响

产业代码	产业名称	FC_{od} 下降10%,E_{od} 增加的百分比(%)	FC_{od} 下降10%,N_{od} 增加的百分比(%)
1531	谷物磨制品的制造	19.07	32.3
1533	牲畜精饲料的制造	20.59	33.99
1554	软饮料的制造和矿泉水生产	26.31	40.35
2021	薄板的制造;胶合板、侧条芯细木工板、碎料板及其他嵌板和板条的制造	8.86	20.95
2023	木容器的制造	17.75	30.84
2101	纸浆、纸及纸板的制造	15.74	28.6
2102	瓦楞纸和瓦楞纸板以及纸容器和纸板容器的制造	6.51	18.34
2222	与印刷有关的服务	28.77	43.08
2692	耐火陶瓷制品的制造	2.80	14.22
2693	结构性非耐火黏土制品的制品	13.58	26.21
产业均值		16.00	28.89

第四节 本章小结

异质性企业贸易理论的出现已改变了对引力模型的解释。本书借鉴 Kancs (2007) 异质性企业贸易分析框架,推导出能反映市场结构的结构引力模型,并使用2004~2007年的面板数据对中国29个产业的出口进行实证分析,在此基础上对10个产业的结构参数进行估计,并考察出口固定投入成本对总出口和扩展边际影响的程度。结果发现,大部分产业(29个产业中有22个)结构引力模型系数的估计结果符合理论预期;对10个产业结构参数的估计也同理论预期一致;出口固定投入成本对总出口和扩展边际的影响因产业的不同而不同。政策含义上意味着贸易便利化政策和产业政策应相互结合,保证贸易平稳健康发展。

第六章
结论、政策启示及研究展望

第一节 结论

首先,本书分析了中国贸易便利化发展的基本情况,并采用问卷调查,比较分析等方法深度剖析了中国贸易便利化发展所具备的条件和所面临的困难;其次,基于 Melitz(2003)异质性企业贸易模型对贸易便利化影响贸易的机制进行了深入的分析,进而借鉴 Kancs(2007)和 Chaney(2008)异质性企业贸易理论,构建了出口固定投入成本对扩展边际影响的理论框架,并推导出口固定投入成本的总出口弹性和扩展边际弹性,用以比较总出口和扩展边际受出口固定投入成本的不同影响;最后,根据上述理论模型的推导,获得进行计量分析的结构引力模型,并运用产业层面的数据对结构引力模型的结构参数(替代弹性和异质性参数)进行估计,进而模拟和计算出口固定投入成本对不同产业总出口和扩展边际的影响。以上研究的主要结论是:

第一,尽管中国推进贸易便利化进程相关的政策法规建设起步较晚,但发展很快;硬件基础设施比较先进,但境内并未完全采用国际通用的数据和通信技术标准,技术条件有待进一步改善;推进贸易便利化的政府驱动相对不足,缺乏统一推进贸易便利化措施实施的强而有力的领导机构;各利益主体对与贸易便利化有关的机构改革缺乏动力,或部门之间难以协调;政府支持贸易便利化方面的国际合作,但国际合作的深度有待进一步增加。

第二，对于大部分产业（29 个产业中有 22 个产业）来说，结构引力模型系数估计结果符合理论模型的预期。其中，有 15 个产业的出口固定投入成本对双边出口流产生显著的负向影响，而受出口固定投入成本影响最大的是 2222 与印刷有关的服务业，最小的是 2720 基本贵重有色金属的制造业。有 12 个产业多边阻力对双边出口流产生显著的正向影响，而受多边阻力影响最大的是 1541 烘烤食品的制造业，影响最小的是 2101 纸浆、纸及纸板的制造业。

第三，对估计系数显著的 10 个产业的替代弹性和异质性参数进行计算，结果发现这 10 个产业结构参数的大小都同理论预期一致，即 σ 值严格大于 1，并且 γ 大于 $\sigma-1$。其中，替代弹性的范围在 2.5~9.76，平均值是 6.13，最大值产业是 1554 软饮料的制造和矿泉水生产业（9.76）；最小值产业是 2101 纸浆、纸及纸板的制造业（2.51）。可见，不同产业商品的替代弹性有很大差别，这说明贸易成本对不同产业出口的影响程度会有很大差异，而异质性参数的范围在 3.60~28.2，平均值是 11.88，最大的是 1554 软饮料的制造和矿泉水生产业（28.17）；最小的是 2101 纸浆、纸及纸板的制造业（3.60）。可见，不同产业的集中度有很大差异，而这意味着贸易成本对不同产业的影响除了受替代弹性的影响之外，还会受到异质性参数的影响（Chaney，2008）。钱学峰（2008）使用总体的贸易数据估计出异质性参数的值为 0.377，远小于本书估计的最小值，我们推测这可能是因为我们是针对制造业的估计，而制造业之外的其他部门，例如，矿业、运输、通信及公用事业中的企业往往垄断性特征突出，企业集中度极高，从而拉低了总体的异质性参数值。

第四，根据理论模型可知，出口固定投入成本的总出口弹性和扩展边际弹性是由替代弹性和异质性参数共同决定，替代弹性越小，异质性参数越大，则出口固定投入成本对扩展边际和总出口的影响越大。根据所测算的结构参数值来计算 10 个产业的出口固定投入成本扩展边际弹性和总出口弹性，结果发现：出口固定投入成本的扩展边际弹性要高于出口固定投入成本的总出口弹性，原因是总出口还要受集约边际的影响；有关出口固定投入成本的扩展边际弹性（总出口弹性）最大的是 2222 与印刷有关的服务业，其扩展边际弹性达到了 3.4（总出口弹性2.4），最小的是 2692 耐火陶瓷制品的制造业，其有关出口固定投入成本的扩展边际弹性仅为 1.262（总出口弹性则为 0.262），前者出口固定投入成本的扩展边际弹性几乎为后者的 3 倍（总出口弹性则为将近 10 倍）。这说明出口固定投入成本下降对不同产业的出口会产生非常大的差异，且替代弹性越低，产业集中度越低的产业，在出口固定投入成本下降的时候对扩展边际及总出口的影响越大，反之亦然。

第五，出口固定投入成本下降10%对扩展边际产生促进作用，使扩展边际增加的范围为14.22%～43.08%。其中获利最大的是2222与印刷有关的服务业（43.08%），最小的是2692耐火陶瓷制品的制造业（14.22%）。10个产业扩展边际增加的平均值是28.89%，而出口固定投入成本下降10%，对总出口同样产生正向影响，且范围在2.8%～28.8%。其中获利最大的是2222与印刷有关的服务业（28.8%），获利最小的是2692耐火陶瓷制品的制造业（2.8%）。10个产业的平均获利是16%，由此说明出口固定投入成本对扩展边际的影响要比对总出口的影响更大。另外，出口固定投入成本下降对不同产业产生的影响不同，且同总扩展边际和总出口比较，产业层面的扩展边际和总出口对出口固定投入成本的变化更敏感。这说明，贸易政策会对不同产业产生不同影响，进而影响市场结构。因此，企业异质性是分析贸易政策效果的关键（Crozet和Koenig，2010）。

第二节 政策启示

根据本书可知，尽管中国的贸易便利化发展已经取得了显著的进步，但我们发现在中国推进贸易便利化过程中还面临很多困难和障碍，同世界很多贸易便利化发展程度较高的经济体还有很大的差距，中国贸易便利化的未来发展任重而道远。另外，根据异质性企业贸易理论，出口固定投入成本主要通过扩展边际影响总出口的增长。且根据研究结果来看，通过降低出口固定投入成本能够给不同产业带来显著的贸易获利，且替代弹性越小，产业集中度越低的产业，其出口越易受出口固定投入成本变化的影响。本书的结论除了为中国产业水平的出口结构提供了更为深刻的学术洞察外，也为未来有针对性地出台相关的贸易和产业政策提供决策依据。根据本书的研究结论，对于贸易便利化视角下从出口固定投入成本角度切入探讨中国贸易持续平稳增长，可以从下面几个方面进行政策调整：

一、政府主导且各方积极参与推动中国的贸易便利化进程

（一）发挥管理部门核心作用，自上而下推动贸易便利化措施的实施

政府部门之间大多在一定程度上存在协调困难，各政府部门之间应加强协调，努力合作。管理部门在实施贸易便利化措施过程中应发挥核心协调作用，自上而下地推动各项政策措施的落实，积极引导各相关主体参与。韩国和中国台湾都是APEC贸易便利化发展水平很高的地区，政府在贸易便利化发展过程中都起着领导和推动作用。以韩国为例，为了推动贸易便利化发展，韩国专门成立相关管理部门，例如，2004年成立的"电子贸易便利化委员会"，直接对韩国总理负责。我们可以借鉴贸易便利化水平较高经济体的先进经验，通过建立一个由商务部、海关、商检部门等组成的跨部门领导机构，积极推动海关、检验检疫局、贸促会等部门的合作，尽早实现国内"单一窗口"建设，简化贸易流程，最终实现标准统一，信息共享。以此提升本国的贸易便利化水平，减少出口货物的时间和成本，促进中国贸易持续平稳增长。

（二）建立和完善贸易便利化相关的法律框架体系

目前，中国已经具备贸易便利化措施实施的基本技术条件，法律框架成为推动贸易便利化进程需要重点解决的问题。应学习借鉴先进经济体的经验，建立一个多层次、多方位保证贸易便利化顺利实施的政策、法律环境，这些法律不仅涉及某项措施本身，也涉及电子文件合法有效性、数据传输安全等多个方面。韩国在贸易便利化方面的立法较为完善，例如，有关于电子签名方面的立法，保证了电子文件与纸质文件相同的法律效力。另外，还有贸易便利化方面的专门立法，例如，《电子交易法案》《电子贸易促进法案》等。此外，韩国和中国台湾的技术服务商是PAA成员方，双方e-CO项目采用了PAA的法律框架。PAA已经于2003年建立电子贸易单证跨境传输稳定的法律框架，涉及双方责任的认定、服务水平和相关贸易争端解决流程等。因此，中国可以总结先进经济体推进贸易便利化进程的经验，建立起保证贸易便利化顺利实施的完善的法律框架体系，进而推动中国的贸易便利化进程。

（三）积极参与国际合作，建立起同其他经济体的协调机制

推进贸易便利化的发展是大势所趋，政府应该努力转变观念，加强与先进经

济体之间的合作,共同推动世界的贸易便利化进程。例如,韩国和中国台湾合作在推进贸易便利化合作项目时,除了就合作协议、项目进程方面积极协商达成一致以外,在具体实施方面也都通过双方各自建立的协调结构积极进行协商,以此来加强不同部门之间的协调和沟通。另外,应积极推动 WTO、APEC 等国际组织建立推进贸易便利化的协调机制,例如,积极参加相关的研讨会或论坛,并以此建立起同其他经济体的协调机制,加强同其他经济体的交流和合作。

(四)加强贸易便利化的宣传和推广,逐步实施贸易便利化各项措施

政府应进一步增强贸易便利化相关政策和法律法规的宣传和推广,努力改变利益相关者的思想观念,采取各种措施积极鼓励相关利益主体认可和接受相关的政策措施。另外,贸易便利化措施的实施可采取分步骤,分阶段逐步推进的方式。例如,可以在国内选取试点省份、试点企业、个别贸易商品先行实验,待时机成熟再向其他省份和商品推广。

二、强调降低出口固定投入成本的贸易便利化政策并结合产业政策

(一)简化国内贸易流程,降低出口固定投入成本的政策措施

政府未来的贸易政策更应强调能够降低出口固定投入成本的贸易便利化,鼓励出口流程、出口手续的简化,鼓励电子海关、电子商检等的普及和使用,鼓励海关、商检、贸促会等行政执法部门审核执法环节的融合,最大程度地简化出口流程,从而降低出口固定投入成本。

(二)制定降低进入外国市场信息壁垒的政策措施

政府也应该出台可以降低进入外国市场信息壁垒(如收集市场信息、创建与客户的联系、调节国家标准、制定法律等)的政策,例如,建立出口促进中介、使用统一的国际标准等。另外,贸易政策谈判工作也应侧重于促进贸易流程简化,并将其作为未来多边谈判的重点方向。

(三)贸易便利化政策的制定应结合产业政策

从产业发展的角度来看,政府应该有针对性地制定相应的产业政策,对于希望进一步开拓国外市场的产业,应积极鼓励产业技术升级及产品创新,鼓励中小

企业的发展，以此来增加产品的附加值，降低产品的替代弹性，并降低产业集中度，从而获得更大的贸易便利化政策获利；而对于那些关系国计民生和国家长远发展的战略性产业则不能一味地追求出口的增长，而应根据国家发展的总体要求采取更灵活主动的产业发展政策，从而为中国经济的平稳发展保驾护航。

第三节 研究展望

贸易便利化是在全球经济一体化推进的过程中各国政府和世界经济组织探索贸易持续平稳增长的一个新关注。它以信息交换技术（ICT）为工具，以简化贸易流程为宗旨，其出现既有利于解决主要以关税减让为特征的传统贸易优惠体制有效性逐渐枯竭的问题，又有利于走出目前贸易自由化合作进展迟滞，贸易保护主义再次抬头的困境。随着信息交换技术的发展，经济一体化趋势的日趋增强，通过贸易便利化来获得贸易的新增长点越来越被各相关利益主体所认可和接受。

已有研究证明贸易便利化措施能够显著降低贸易成本，并通过成本渠道来对贸易产生影响（Wilson et al., 2003; Milner et al., 2008; Oh et al., 2009）。本书基于异质性企业贸易理论，研究了通过贸易便利化政策降低出口固定投入成本对中国产业层面扩展边际的影响。但由于研究侧重点的取舍以及数据可获得性的限制，本书还存在一些不足，主要表现在以下两个方面：

首先，以 Melitz（2003）为代表的异质性企业贸易理论认为，出口固定投入成本只会对贸易扩展边际产生影响，而根据本书可知，贸易便利化对贸易的影响既可以通过出口固定投入成本的渠道，又可以通过可变贸易成本的渠道实现。尽管上文的分析为我们通过贸易便利化降低出口固定投入成本影响不同产业扩展边际的程度提供了更深入的洞察，但我们并不清楚到底哪些贸易便利化指标可以作为出口固定投入成本的代理变量，进而只会对扩展边际产生影响，也即我们并没打开出口固定投入成本组成的"黑匣子"。因此，本书认为，未来的研究可以从设计贸易便利化的指标入手，筛选只影响出口固定投入成本的贸易便利化指标，进而分析其对扩展边际的影响。这对我们弄清出口固定投入成本的组成部分，提出更有针对性的促进贸易扩展边际的贸易便利化政策，进而优化出口结构都具有非常重要的意义。

其次，异质性企业贸易理论从本质上是针对微观企业出口行为的研究，因此，使用企业层面的微观数据对企业的出口行为进行研究会使研究结论更有说服力。本书限于数据获取的困难，在样本数据的选择上存在一定的局限，并且在分析出口固定投入成本对扩展边际的影响时，并不能体现随着时间扩展边际的动态变化过程。因此，本书认为，未来研究还可以选择扩展样本国及研究时间段，并选用更细分的数据，研究随着时间扩展边际的动态变化以及不同产业扩展边际动态变化的差异，以此为深入地了解中国的出口结构变化及贸易政策实施的预期效果提供借鉴。

附 录

附表1 2004~2007年中国同6个主要贸易伙伴国29个制造业产业的相互出口数据

类别 年份	出口国 代码	进口国 代码	ISIC3 产业代码	出口值 （百万美元）	类别 年份	出口国 代码	进口国 代码	ISIC3 产业代码	出口值 （百万美元）
2004	156	251	1520	1.169143	2004	251	156	1520	0.134316
2005	156	251	1520	1.865627	2005	251	156	1520	0
2006	156	251	1520	0.772919	2006	251	156	1520	0.215919
2007	156	251	1520	2.894065	2007	251	156	1520	1.19793
2004	156	276	1520	7.808228	2004	276	156	1520	0.248
2005	156	276	1520	4.816729	2005	276	156	1520	0.099
2006	156	276	1520	3.817838	2006	276	156	1520	0.432
2007	156	276	1520	18.918564	2007	276	156	1520	2.374
2004	156	699	1520	0.06189	2004	699	156	1520	0
2005	156	699	1520	0.000597	2005	699	156	1520	0
2006	156	699	1520	0.015534	2006	699	156	1520	0
2007	156	699	1520	0.053416	2007	699	156	1520	0.875248
2004	156	410	1520	0.686299	2004	410	156	1520	0.021802
2005	156	410	1520	0.949988	2005	410	156	1520	0.036175
2006	156	410	1520	0.433701	2006	410	156	1520	0.063708
2007	156	410	1520	1.337287	2007	410	156	1520	0.036711
2004	156	842	1520	5.293792	2004	842	156	1520	13.08479
2005	156	842	1520	8.321919	2005	842	156	1520	15.441339
2006	156	842	1520	11.983876	2006	842	156	1520	18.114529
2007	156	842	1520	10.559732	2007	842	156	1520	29.05626
2004	156	392	1520	0.16809	2004	392	156	1520	1.734751
2005	156	392	1520	0.293007	2005	392	156	1520	0.019872

续表

年份\类别	出口国代码	进口国代码	ISIC3产业代码	出口值（百万美元）	年份\类别	出口国代码	进口国代码	ISIC3产业代码	出口值（百万美元）
2006	156	392	1520	0.169199	2006	392	156	1520	0.071268
2007	156	392	1520	0.257605	2007	392	156	1520	0.124318
2004	156	251	1531	0.262331	2004	251	156	1531	0.119392
2005	156	251	1531	0.245831	2005	251	156	1531	0.362073
2006	156	251	1531	0.460995	2006	251	156	1531	0.205876
2007	156	251	1531	0.520382	2007	251	156	1531	0.304628
2004	156	276	1531	0.353521	2004	276	156	1531	0.417
2005	156	276	1531	0.444377	2005	276	156	1531	0.474
2006	156	276	1531	0.834075	2006	276	156	1531	0.804
2007	156	276	1531	1.133997	2007	276	156	1531	1.585
2004	156	699	1531	0.045271	2004	699	156	1531	0.158257
2005	156	699	1531	0.055956	2005	699	156	1531	0.328872
2006	156	699	1531	0.015143	2006	699	156	1531	0.535016
2007	156	699	1531	0.23217	2007	699	156	1531	1.513971
2004	156	410	1531	49.426647	2004	410	156	1531	4.27901
2005	156	410	1531	50.513348	2005	410	156	1531	9.85436
2006	156	410	1531	75.710782	2006	410	156	1531	11.036912
2007	156	410	1531	104.089354	2007	410	156	1531	11.042059
2004	156	842	1531	14.712671	2004	842	156	1531	3.722931
2005	156	842	1531	3.375071	2005	842	156	1531	5.084486
2006	156	842	1531	41.512206	2006	842	156	1531	5.689534
2007	156	842	1531	60.998595	2007	842	156	1531	4.80673
2004	156	392	1531	97.616376	2004	392	156	1531	2.972586
2005	156	392	1531	111.483462	2005	392	156	1531	3.678253
2006	156	392	1531	118.140832	2006	392	156	1531	3.432209
2007	156	392	1531	123.953129	2007	392	156	1531	3.09037
2004	156	251	1533	0.041469	2004	251	156	1533	0.854396
2005	156	251	1533	0.226002	2005	251	156	1533	2.313047
2006	156	251	1533	0.444408	2006	251	156	1533	4.206646
2007	156	251	1533	2.846538	2007	251	156	1533	8.451374
2004	156	276	1533	1.492851	2004	276	156	1533	0.752
2005	156	276	1533	0.773336	2005	276	156	1533	1.219
2006	156	276	1533	1.164026	2006	276	156	1533	0.52
2007	156	276	1533	5.40286	2007	276	156	1533	0.63
2004	156	699	1533	2.026033	2004	699	156	1533	0.068547
2005	156	699	1533	2.649638	2005	699	156	1533	0.046197

续表

类别年份	出口国代码	进口国代码	ISIC3产业代码	出口值（百万美元）	类别年份	出口国代码	进口国代码	ISIC3产业代码	出口值（百万美元）
2006	156	699	1533	2.428869	2006	699	156	1533	0.010837
2007	156	699	1533	3.528609	2007	699	156	1533	0.057699
2004	156	410	1533	7.335352	2004	410	156	1533	3.469544
2005	156	410	1533	7.095402	2005	410	156	1533	1.863857
2006	156	410	1533	16.195146	2006	410	156	1533	1.7353
2007	156	410	1533	34.35808	2007	410	156	1533	1.14752
2004	156	842	1533	14.943952	2004	842	156	1533	17.125975
2005	156	842	1533	43.83089	2005	842	156	1533	24.976632
2006	156	842	1533	90.746754	2006	842	156	1533	27.414941
2007	156	842	1533	199.632256	2007	842	156	1533	51.520022
2004	156	392	1533	34.460674	2004	392	156	1533	2.966681
2005	156	392	1533	58.100747	2005	392	156	1533	4.62633
2006	156	392	1533	79.354448	2006	392	156	1533	4.011799
2007	156	392	1533	105.192881	2007	392	156	1533	3.238749
2004	156	251	1541	0.1275	2004	251	156	1541	0.195255
2005	156	251	1541	0.259054	2005	251	156	1541	0.291153
2006	156	251	1541	0.249202	2006	251	156	1541	0.780822
2007	156	251	1541	0.344299	2007	251	156	1541	1.453159
2004	156	276	1541	0.028125	2004	276	156	1541	0.841
2005	156	276	1541	0.106693	2005	276	156	1541	1.022
2006	156	276	1541	0.065918	2006	276	156	1541	1.397
2007	156	276	1541	0.067479	2007	276	156	1541	3.038
2004	156	699	1541	0.175328	2004	699	156	1541	0.034838
2005	156	699	1541	0.330381	2005	699	156	1541	0.026157
2006	156	699	1541	1.092086	2006	699	156	1541	0.198603
2007	156	699	1541	0.897962	2007	699	156	1541	0.005883
2004	156	410	1541	13.198595	2004	410	156	1541	14.981577
2005	156	410	1541	21.68945	2005	410	156	1541	20.003943
2006	156	410	1541	27.111253	2006	410	156	1541	21.288954
2007	156	410	1541	36.513963	2007	410	156	1541	19.985559
2004	156	842	1541	6.53576	2004	842	156	1541	5.460248
2005	156	842	1541	9.586904	2005	842	156	1541	6.449769
2006	156	842	1541	13.176003	2006	842	156	1541	6.46891
2007	156	842	1541	17.277008	2007	842	156	1541	3.946299
2004	156	392	1541	27.404445	2004	392	156	1541	1.571931
2005	156	392	1541	44.983418	2005	392	156	1541	2.042052

续表

年份	类别 出口国代码	进口国代码	ISIC3产业代码	出口值（百万美元）	年份	类别 出口国代码	进口国代码	ISIC3产业代码	出口值（百万美元）
2006	156	392	1541	48.273735	2006	392	156	1541	2.184374
2007	156	392	1541	55.047738	2007	392	156	1541	2.444713
2004	156	251	1543	2.276801	2004	251	156	1543	1.3245
2005	156	251	1543	5.610973	2005	251	156	1543	1.459496
2006	156	251	1543	15.208856	2006	251	156	1543	3.825023
2007	156	251	1543	23.065198	2007	251	156	1543	3.743359
2004	156	276	1543	11.247839	2004	276	156	1543	2.829
2005	156	276	1543	10.453616	2005	276	156	1543	3.22
2006	156	276	1543	12.409416	2006	276	156	1543	3.825
2007	156	276	1543	16.195457	2007	276	156	1543	4.609
2004	156	699	1543	1.44677	2004	699	156	1543	0.006844
2005	156	699	1543	2.30283	2005	699	156	1543	0.025117
2006	156	699	1543	4.187287	2006	699	156	1543	0.032811
2007	156	699	1543	12.364064	2007	699	156	1543	0.001293
2004	156	410	1543	11.583667	2004	410	156	1543	10.781386
2005	156	410	1543	16.482056	2005	410	156	1543	16.054724
2006	156	410	1543	20.254284	2006	410	156	1543	14.205183
2007	156	410	1543	25.890478	2007	410	156	1543	12.468756
2004	156	842	1543	65.626759	2004	842	156	1543	10.704022
2005	156	842	1543	111.613769	2005	842	156	1543	12.037742
2006	156	842	1543	126.518762	2006	842	156	1543	15.51639
2007	156	842	1543	150.282493	2007	842	156	1543	16.553883
2004	156	392	1543	61.640509	2004	392	156	1543	3.502702
2005	156	392	1543	64.116289	2005	392	156	1543	6.829784
2006	156	392	1543	71.984663	2006	392	156	1543	5.519317
2007	156	392	1543	74.480152	2007	392	156	1543	5.699752
2004	156	251	1554	0.343985	2004	251	156	1554	4.028223
2005	156	251	1554	0.18642	2005	251	156	1554	5.111347
2006	156	251	1554	0.124545	2006	251	156	1554	7.129079
2007	156	251	1554	0.76015	2007	251	156	1554	10.058219
2004	156	276	1554	0.013972	2004	276	156	1554	0.76
2005	156	276	1554	0.03463	2005	276	156	1554	1.048
2006	156	276	1554	0.116084	2006	276	156	1554	1.653
2007	156	276	1554	0.464814	2007	276	156	1554	2.33
2004	156	699	1554	0.004777	2004	699	156	1554	0
2005	156	699	1554	0.031446	2005	699	156	1554	0

续表

年份	类别 出口国 代码	进口国 代码	ISIC3 产业代码	出口值 (百万美元)	年份	类别 出口国 代码	进口国 代码	ISIC3 产业代码	出口值 (百万美元)
2006	156	699	1554	0.00648	2006	699	156	1554	0.012516
2007	156	699	1554	0.227147	2007	699	156	1554	0.000055
2004	156	410	1554	0.511574	2004	410	156	1554	3.116845
2005	156	410	1554	2.269176	2005	410	156	1554	5.297134
2006	156	410	1554	0.45447	2006	410	156	1554	8.825898
2007	156	410	1554	0.33423	2007	410	156	1554	13.673205
2004	156	842	1554	8.345927	2004	842	156	1554	0.452874
2005	156	842	1554	6.951356	2005	842	156	1554	0.28373
2006	156	842	1554	8.078542	2006	842	156	1554	0.551198
2007	156	842	1554	11.233278	2007	842	156	1554	0.937774
2004	156	392	1554	3.128254	2004	392	156	1554	0.343312
2005	156	392	1554	6.009625	2005	392	156	1554	0.640116
2006	156	392	1554	5.497764	2006	392	156	1554	2.077541
2007	156	392	1554	5.34337	2007	392	156	1554	5.644159
2004	156	251	1730	75.020263	2004	251	156	1730	4.403809
2005	156	251	1730	241.344755	2005	251	156	1730	3.096919
2006	156	251	1730	314.043657	2006	251	156	1730	3.458463
2007	156	251	1730	464.105258	2007	251	156	1730	4.544723
2004	156	276	1730	157.405032	2004	276	156	1730	22.269
2005	156	276	1730	461.777773	2005	276	156	1730	27.626
2006	156	276	1730	568.762235	2006	276	156	1730	28.531
2007	156	276	1730	792.541439	2007	276	156	1730	29.109
2004	156	699	1730	27.645515	2004	699	156	1730	0.360598
2005	156	699	1730	42.981786	2005	699	156	1730	0.447763
2006	156	699	1730	56.701338	2006	699	156	1730	0.437224
2007	156	699	1730	102.502809	2007	699	156	1730	0.649931
2004	156	410	1730	798.927621	2004	410	156	1730	579.111595
2005	156	410	1730	717.209327	2005	410	156	1730	644.477015
2006	156	410	1730	947.027333	2006	410	156	1730	643.399058
2007	156	410	1730	951.026302	2007	410	156	1730	602.663224
2004	156	842	1730	1296.322059	2004	842	156	1730	7.138384
2005	156	842	1730	2876.884099	2005	842	156	1730	19.161036
2006	156	842	1730	3137.574664	2006	842	156	1730	9.047079
2007	156	842	1730	3452.149384	2007	842	156	1730	14.975954
2004	156	392	1730	3566.562403	2004	392	156	1730	367.790877
2005	156	392	1730	4225.180294	2005	392	156	1730	394.394645

续表

年份	类别 出口国 代码	进口国 代码	ISIC3 产业代码	出口值 (百万美元)	年份	类别 出口国 代码	进口国 代码	ISIC3 产业代码	出口值 (百万美元)
2006	156	392	1730	4530.870603	2006	392	156	1730	402.725981
2007	156	392	1730	4856.64578	2007	392	156	1730	425.743358
2004	156	251	2010	1.77804	2004	251	156	2010	2.986034
2005	156	251	2010	11.008932	2005	251	156	2010	2.662679
2006	156	251	2010	16.326861	2006	251	156	2010	3.250076
2007	156	251	2010	27.749939	2007	251	156	2010	4.008194
2004	156	276	2010	5.536795	2004	276	156	2010	23.019
2005	156	276	2010	9.43576	2005	276	156	2010	26.415
2006	156	276	2010	14.152309	2006	276	156	2010	26.025
2007	156	276	2010	21.979158	2007	276	156	2010	31.419
2004	156	699	2010	0.321875	2004	699	156	2010	0
2005	156	699	2010	0.808735	2005	699	156	2010	0.041185
2006	156	699	2010	1.772484	2006	699	156	2010	0.060261
2007	156	699	2010	3.462446	2007	699	156	2010	0.003672
2004	156	410	2010	41.390814	2004	410	156	2010	4.68429
2005	156	410	2010	49.661964	2005	410	156	2010	2.835259
2006	156	410	2010	59.998117	2006	410	156	2010	4.071848
2007	156	410	2010	51.029814	2007	410	156	2010	3.785913
2004	156	842	2010	85.198991	2004	842	156	2010	182.886509
2005	156	842	2010	189.014295	2005	842	156	2010	250.296245
2006	156	842	2010	313.037632	2006	842	156	2010	323.114977
2007	156	842	2010	323.62405	2007	842	156	2010	285.475506
2004	156	842	2010	312.407087	2004	842	156	2010	6.001339
2005	156	392	2010	340.102794	2005	392	156	2010	5.713047
2006	156	392	2010	347.871859	2006	392	156	2010	4.38366
2007	156	392	2010	307.855389	2007	392	156	2010	4.375262
2004	156	251	2021	5.040013	2004	251	156	2021	2.165216
2005	156	251	2021	8.861601	2005	251	156	2021	2.242124
2006	156	251	2021	22.160063	2006	251	156	2021	2.111482
2007	156	251	2021	27.655471	2007	251	156	2021	3.028443
2004	156	276	2021	32.734106	2004	276	156	2021	33.703
2005	156	276	2021	51.485094	2005	276	156	2021	27.348
2006	156	276	2021	74.110061	2006	276	156	2021	25.644
2007	156	276	2021	106.886675	2007	276	156	2021	21.253
2004	156	699	2021	3.724973	2004	699	156	2021	0.206723
2005	156	699	2021	10.152555	2005	699	156	2021	0.289438

续表

类别 年份	出口国 代码	进口国 代码	ISIC3 产业代码	出口值 (百万美元)	类别 年份	出口国 代码	进口国 代码	ISIC3 产业代码	出口值 (百万美元)
2006	156	699	2021	19.925669	2006	699	156	2021	0.351386
2007	156	699	2021	42.018229	2007	699	156	2021	0.478047
2004	156	410	2021	109.301669	2004	410	156	2021	28.800986
2005	156	410	2021	133.824774	2005	410	156	2021	7.111891
2006	156	410	2021	229.235904	2006	410	156	2021	4.487243
2007	156	410	2021	214.260415	2007	410	156	2021	1.764523
2004	156	842	2021	466.173269	2004	842	156	2021	56.530843
2005	156	842	2021	748.317463	2005	842	156	2021	41.503263
2006	156	842	2021	1084.587823	2006	842	156	2021	31.67098
2007	156	842	2021	896.492784	2007	842	156	2021	37.95523
2004	156	392	2021	150.924333	2004	392	156	2021	11.289836
2005	156	392	2021	193.19332	2005	392	156	2021	10.684844
2006	156	392	2021	251.898254	2006	392	156	2021	10.995032
2007	156	392	2021	227.100035	2007	392	156	2021	10.866479
2004	156	251	2023	1.09898	2004	251	156	2023	3.605378
2005	156	251	2023	1.60492	2005	251	156	2023	1.654842
2006	156	251	2023	1.78026	2006	251	156	2023	10.832334
2007	156	251	2023	1.912272	2007	251	156	2023	5.888106
2004	156	276	2023	2.192636	2004	276	156	2023	0.305
2005	156	276	2023	1.518574	2005	276	156	2023	0.56
2006	156	276	2023	1.909378	2006	276	156	2023	0.562
2007	156	276	2023	2.364571	2007	276	156	2023	1.139
2004	156	699	2023	0.015802	2004	699	156	2023	0
2005	156	699	2023	0.063067	2005	699	156	2023	0.057129
2006	156	699	2023	0.496198	2006	699	156	2023	0.040055
2007	156	699	2023	3.650632	2007	699	156	2023	0.028238
2004	156	410	2023	4.43215	2004	410	156	2023	0.313051
2005	156	410	2023	5.720723	2005	410	156	2023	0.378251
2006	156	410	2023	6.546852	2006	410	156	2023	0.740879
2007	156	410	2023	6.846926	2007	410	156	2023	0.760732
2004	156	842	2023	14.493492	2004	842	156	2023	0.915733
2005	156	842	2023	19.677275	2005	842	156	2023	0.668313
2006	156	842	2023	18.517823	2006	842	156	2023	3.067973
2007	156	842	2023	12.592617	2007	842	156	2023	1.698914
2004	156	392	2023	10.492926	2004	392	156	2023	0.405382
2005	156	392	2023	10.614191	2005	392	156	2023	0.559624

续表

类别年份	出口国代码	进口国代码	ISIC3产业代码	出口值(百万美元)	类别年份	出口国代码	进口国代码	ISIC3产业代码	出口值(百万美元)
2006	156	392	2023	11.409111	2006	392	156	2023	0.73525
2007	156	392	2023	9.780396	2007	392	156	2023	0.678186
2004	156	251	2101	3.653905	2004	251	156	2101	54.193844
2005	156	251	2101	9.305623	2005	251	156	2101	48.286554
2006	156	251	2101	13.799844	2006	251	156	2101	48.374547
2007	156	251	2101	50.500096	2007	251	156	2101	44.324772
2004	156	276	2101	5.637847	2004	276	156	2101	173.052
2005	156	276	2101	12.132988	2005	276	156	2101	184.161
2006	156	276	2101	15.628142	2006	276	156	2101	235.668
2007	156	276	2101	22.859917	2007	276	156	2101	219.126
2004	156	699	2101	9.804744	2004	699	156	2101	0.655978
2005	156	699	2101	35.186855	2005	699	156	2101	0.533017
2006	156	699	2101	129.453829	2006	699	156	2101	0.617511
2007	156	699	2101	193.904231	2007	699	156	2101	0.758976
2004	156	410	2101	46.096643	2004	410	156	2101	343.54507
2005	156	410	2101	88.982965	2005	410	156	2101	260.817792
2006	156	410	2101	157.103736	2006	410	156	2101	210.40293
2007	156	410	2101	193.908277	2007	410	156	2101	185.151475
2004	156	842	2101	165.371462	2004	842	156	2101	685.332897
2005	156	842	2101	222.516369	2005	842	156	2101	711.824525
2006	156	842	2101	394.903657	2006	842	156	2101	780.155614
2007	156	842	2101	374.234571	2007	842	156	2101	1069.735567
2004	156	392	2101	173.346974	2004	392	156	2101	444.104878
2005	156	392	2101	251.811136	2005	392	156	2101	427.12839
2006	156	392	2101	246.840647	2006	392	156	2101	466.081073
2007	156	392	2101	170.068169	2007	392	156	2101	457.386362
2004	156	251	2102	12.333703	2004	251	156	2102	3.732232
2005	156	251	2102	15.538912	2005	251	156	2102	4.013926
2006	156	251	2102	22.978307	2006	251	156	2102	4.910892
2007	156	251	2102	28.326503	2007	251	156	2102	6.394447
2004	156	276	2102	13.107137	2004	276	156	2102	4.929
2005	156	276	2102	22.627739	2005	276	156	2102	5.776
2006	156	276	2102	31.15721	2006	276	156	2102	8.42
2007	156	276	2102	41.83393	2007	276	156	2102	11.649
2004	156	699	2102	0.709996	2004	699	156	2102	0.003553
2005	156	699	2102	0.92791	2005	699	156	2102	0.040819

续表

类别年份	出口国代码	进口国代码	ISIC3产业代码	出口值(百万美元)	类别年份	出口国代码	进口国代码	ISIC3产业代码	出口值(百万美元)
2006	156	699	2102	4.290788	2006	699	156	2102	0.081534
2007	156	699	2102	4.484173	2007	699	156	2102	0.037469
2004	156	410	2102	9.073772	2004	410	156	2102	25.204211
2005	156	410	2102	17.267521	2005	410	156	2102	25.865462
2006	156	410	2102	27.185433	2006	410	156	2102	26.678979
2007	156	410	2102	38.316368	2007	410	156	2102	23.562581
2004	156	842	2102	171.191273	2004	842	156	2102	39.567825
2005	156	842	2102	220.257791	2005	842	156	2102	30.849705
2006	156	842	2102	291.087577	2006	842	156	2102	29.574732
2007	156	842	2102	337.81074	2007	842	156	2102	17.075513
2004	156	392	2102	80.451552	2004	392	156	2102	14.020806
2005	156	392	2102	90.988555	2005	392	156	2102	12.911476
2006	156	392	2102	115.024521	2006	392	156	2102	12.981854
2007	156	392	2102	138.252839	2007	392	156	2102	11.63751
2004	156	251	2222	0.021645	2004	251	156	2222	0.177844
2005	156	251	2222	0.023142	2005	251	156	2222	0.052258
2006	156	251	2222	0.067842	2006	251	156	2222	0.040171
2007	156	251	2222	0.553519	2007	251	156	2222	0.436359
2004	156	276	2222	0.246601	2004	276	156	2222	1.875
2005	156	276	2222	0.605332	2005	276	156	2222	1.959
2006	156	276	2222	0.376346	2006	276	156	2222	1.664
2007	156	276	2222	0.528105	2007	276	156	2222	1.765
2004	156	699	2222	0.212109	2004	699	156	2222	0.044951
2005	156	699	2222	0.289324	2005	699	156	2222	0.019049
2006	156	699	2222	1.816069	2006	699	156	2222	0.005871
2007	156	699	2222	2.344139	2007	699	156	2222	0.000218
2004	156	410	2222	0.871498	2004	410	156	2222	0.125752
2005	156	410	2222	0.842366	2005	410	156	2222	0.216777
2006	156	410	2222	4.639161	2006	410	156	2222	0.22573
2007	156	410	2222	6.313515	2007	410	156	2222	0.201339
2004	156	842	2222	0.544182	2004	842	156	2222	0.374656
2005	156	842	2222	1.04202	2005	842	156	2222	1.241154
2006	156	842	2222	1.990855	2006	842	156	2222	0.551406
2007	156	842	2222	3.425062	2007	842	156	2222	1.317036
2004	156	392	2222	0.056639	2004	392	156	2222	2.684633
2005	156	392	2222	0.206884	2005	392	156	2222	2.282796

续表

年份	类别 出口国 代码	进口国 代码	ISIC3 产业代码	出口值 (百万美元)	年份	类别 出口国 代码	进口国 代码	ISIC3 产业代码	出口值 (百万美元)
2006	156	392	2222	0.624531	2006	392	156	2222	3.158843
2007	156	392	2222	4.239253	2007	392	156	2222	3.398881
2004	156	251	2424	33.069968	2004	251	156	2424	71.376286
2005	156	251	2424	38.481964	2005	251	156	2424	79.540675
2006	156	251	2424	47.551469	2006	251	156	2424	113.294484
2007	156	251	2424	61.748194	2007	251	156	2424	154.403948
2004	156	276	2424	10.129962	2004	276	156	2424	84.047
2005	156	276	2424	18.266224	2005	276	156	2424	82.623
2005	156	276	2424	31.314858	2006	276	156	2424	108.524
2007	156	276	2424	39.491859	2007	276	156	2424	140.602
2004	156	699	2424	5.488411	2004	699	156	2424	6.315803
2005	156	699	2424	7.299677	2005	699	156	2424	6.01258
2006	156	699	2424	11.570622	2006	699	156	2424	5.216486
2007	156	699	2424	15.951443	2007	699	156	2424	11.002242
2004	156	410	2424	13.241591	2004	410	156	2424	133.619849
2005	156	410	2424	14.507766	2005	410	156	2424	118.81624
2006	156	410	2424	26.956052	2006	410	156	2424	145.53509
2007	156	410	2424	35.898125	2007	410	156	2424	182.151485
2004	156	842	2424	288.365313	2004	842	156	2424	121.637628
2005	156	842	2424	388.843839	2005	842	156	2424	157.451406
2006	156	842	2424	449.192061	2006	842	156	2424	221.801884
2007	156	842	2424	574.343753	2007	842	156	2424	280.52438
2004	156	392	2424	100.555516	2004	392	156	2424	150.852465
2005	156	392	2424	119.284793	2005	392	156	2424	175.150631
2006	156	392	2424	148.135332	2006	392	156	2424	201.169706
2007	156	392	2424	192.753563	2007	392	156	2424	234.844724
2004	156	251	2430	7.381473	2004	251	156	2430	2.963649
2005	156	251	2430	6.581354	2005	251	156	2430	4.502912
2006	156	251	2430	9.352392	2006	251	156	2430	4.182796
2007	156	251	2430	10.411408	2007	251	156	2430	5.674043
2004	156	276	2430	21.397353	2004	276	156	2430	44.758
2005	156	276	2430	36.023324	2005	276	156	2430	37.615
2006	156	276	2430	54.360582	2006	276	156	2430	27.167
2007	156	276	2430	75.088104	2007	276	156	2430	36.673
2004	156	699	2430	81.068612	2004	699	156	2430	19.245415
2005	156	699	2430	103.215317	2005	699	156	2430	16.558518

续表

类别年份	出口国代码	进口国代码	ISIC3产业代码	出口值(百万美元)	类别年份	出口国代码	进口国代码	ISIC3产业代码	出口值(百万美元)
2006	156	699	2430	122.116634	2006	699	156	2430	10.547724
2007	156	699	2430	187.306492	2007	699	156	2430	9.825603
2004	156	410	2430	69.900304	2004	410	156	2430	545.297693
2005	156	410	2430	96.580336	2005	410	156	2430	490.26177
2006	156	410	2430	146.016625	2006	410	156	2430	368.108257
2007	156	410	2430	216.992804	2007	410	156	2430	380.894042
2004	156	842	2430	52.025109	2004	842	156	2430	232.575882
2005	156	842	2430	2.498817	2005	842	156	2430	280.294321
2006	156	842	2430	4.289396	2006	842	156	2430	272.93291
2007	156	842	2430	4.754187	2007	842	156	2430	321.624757
2004	156	392	2430	45.74793	2004	392	156	2430	470.528949
2005	156	392	2430	40.974094	2005	392	156	2430	510.412389
2006	156	392	2430	54.035704	2006	392	156	2430	506.710665
2007	156	392	2430	61.931723	2007	392	156	2430	500.945678
2004	156	251	2610	37.755371	2004	251	156	2610	41.620414
2005	156	251	2610	65.824725	2005	251	156	2610	47.43176
2006	156	251	2610	85.131923	2006	251	156	2610	56.205362
2007	156	251	2610	122.636175	2007	251	156	2610	63.921146
2004	156	276	2610	102.661451	2004	276	156	2610	76.098
2005	156	276	2610	139.022771	2005	276	156	2610	71.4
2006	156	276	2610	199.310302	2006	276	156	2610	112.781
2007	156	276	2610	293.493684	2007	276	156	2610	120.156
2004	156	699	2610	66.24265	2004	699	156	2610	3.542092
2005	156	699	2610	98.856284	2005	699	156	2610	8.44649
2006	156	699	2610	120.045808	2006	699	156	2610	11.871583
2007	156	699	2610	176.258348	2007	699	156	2610	28.280538
2004	156	410	2610	257.827604	2004	410	156	2610	173.715463
2005	156	410	2610	286.544608	2005	410	156	2610	134.641823
2006	156	410	2610	327.827129	2006	410	156	2610	118.29705
2007	156	410	2610	370.42366	2007	410	156	2610	93.783168
2004	156	842	2610	726.308006	2004	842	156	2610	128.822203
2005	156	842	2610	914.99806	2005	842	156	2610	133.077719
2006	156	842	2610	1102.762567	2006	842	156	2610	189.354499
2007	156	842	2610	1201.62294	2007	842	156	2610	241.756756
2004	156	392	2610	223.035629	2004	392	156	2610	655.060886
2005	156	392	2610	259.780112	2005	392	156	2610	582.552058

续表

类别 年份	出口国 代码	进口国 代码	ISIC3 产业代码	出口值 (百万美元)	类别 年份	出口国 代码	进口国 代码	ISIC3 产业代码	出口值 (百万美元)
2006	156	392	2610	323.118142	2006	392	156	2610	582.831266
2007	156	392	2610	379.31153	2007	392	156	2610	647.913806
2004	156	251	2692	1.280001	2004	251	156	2692	20.881096
2005	156	251	2692	4.708125	2005	251	156	2692	13.558508
2006	156	251	2692	4.985357	2006	251	156	2692	18.577785
2007	156	251	2692	9.506804	2007	251	156	2692	19.140804
2004	156	276	2692	9.765349	2004	276	156	2692	55.605
2005	156	276	2692	13.720888	2005	276	156	2692	32.77
2006	156	276	2692	13.580605	2006	276	156	2692	34.98
2007	156	276	2692	18.544134	2007	276	156	2692	42.322
2004	156	699	2692	23.315634	2004	699	156	2692	1.799711
2005	156	699	2692	57.397387	2005	699	156	2692	1.034483
2006	156	699	2692	77.277792	2006	699	156	2692	1.095318
2007	156	699	2692	82.417175	2007	699	156	2692	2.917125
2004	156	410	2692	45.703394	2004	410	156	2692	4.093805
2005	156	410	2692	57.035572	2005	410	156	2692	3.389843
2006	156	410	2692	91.960474	2006	410	156	2692	12.46282
2007	156	410	2692	103.433601	2007	410	156	2692	12.901032
2004	156	842	2692	40.440371	2004	842	156	2692	24.441446
2005	156	842	2692	59.214501	2005	842	156	2692	23.233938
2006	156	842	2692	76.836363	2006	842	156	2692	28.291459
2007	156	842	2692	87.236614	2007	842	156	2692	27.974656
2004	156	392	2692	116.007228	2004	392	156	2692	22.888885
2005	156	392	2692	143.716424	2005	392	156	2692	18.257028
2006	156	392	2692	168.12728	2006	392	156	2692	21.839155
2007	156	392	2692	155.476292	2007	392	156	2692	23.602219
2004	156	251	2693	2.43956	2004	251	156	2693	0.363149
2005	156	251	2693	2.722062	2005	251	156	2693	0.904564
2006	156	251	2693	3.438747	2006	251	156	2693	2.509426
2007	156	251	2693	6.252937	2007	251	156	2693	1.874424
2004	156	276	2693	4.678527	2004	276	156	2693	1.458
2005	156	276	2693	6.917914	2005	276	156	2693	5.568
2006	156	276	2693	11.271899	2006	276	156	2693	2.926
2007	156	276	2693	23.155918	2007	276	156	2693	8.666
2004	156	699	2693	19.048167	2004	699	156	2693	0.05511
2005	156	699	2693	24.198521	2005	699	156	2693	0.031939

续表

类别年份	出口国代码	进口国代码	ISIC3产业代码	出口值(百万美元)	类别年份	出口国代码	进口国代码	ISIC3产业代码	出口值(百万美元)
2006	156	699	2693	55.762138	2006	699	156	2693	0.08101
2007	156	699	2693	89.677554	2007	699	156	2693	0.01975
2004	156	410	2693	59.779753	2004	410	156	2693	0.405206
2005	156	410	2693	54.540913	2005	410	156	2693	0.410912
2006	156	410	2693	84.066031	2006	410	156	2693	0.285829
2007	156	410	2693	141.455109	2007	410	156	2693	0.181834
2004	156	842	2693	30.792963	2004	842	156	2693	0.631539
2005	156	842	2693	44.605762	2005	842	156	2693	2.810097
2006	156	842	2693	97.947253	2006	842	156	2693	2.341493
2007	156	842	2693	123.475276	2007	842	156	2693	2.01693
2004	156	392	2693	42.893068	2004	392	156	2693	2.451323
2005	156	392	2693	48.758467	2005	392	156	2693	1.22638
2006	156	392	2693	54.451458	2006	392	156	2693	3.671875
2007	156	392	2693	61.297686	2007	392	156	2693	2.903848
2004	156	251	2695	0.614374	2004	251	156	2695	1.363054
2005	156	251	2695	0.674854	2005	251	156	2695	0.187881
2006	156	251	2695	1.876499	2006	251	156	2695	0.146874
2007	156	251	2695	4.652495	2007	251	156	2695	0.241507
2004	156	276	2695	0.325228	2004	276	156	2695	1.112
2005	156	276	2695	0.727238	2005	276	156	2695	1.244
2006	156	276	2695	2.315454	2006	276	156	2695	3.521
2007	156	276	2695	4.444571	2007	276	156	2695	4.873
2004	156	699	2695	2.268187	2004	699	156	2695	0.00003
2005	156	699	2695	1.446722	2005	699	156	2695	0.273411
2006	156	699	2695	2.784311	2006	699	156	2695	0.248496
2007	156	699	2695	8.066201	2007	699	156	2695	0.008055
2004	156	410	2695	10.194705	2004	410	156	2695	2.308523
2005	156	410	2695	12.564028	2005	410	156	2695	1.694304
2006	156	410	2695	16.721699	2006	410	156	2695	1.675977
2007	156	410	2695	41.925504	2007	410	156	2695	2.912923
2004	156	842	2695	13.569016	2004	842	156	2695	3.037108
2005	156	842	2695	26.271943	2005	842	156	2695	3.456462
2006	156	842	2695	61.762237	2006	842	156	2695	10.776736
2007	156	842	2695	52.361743	2007	842	156	2695	3.946535
2004	156	392	2695	15.519874	2004	392	156	2695	1.422722
2005	156	392	2695	18.370699	2005	392	156	2695	2.199105

续表

年份	类别出口国代码	进口国代码	ISIC3产业代码	出口值(百万美元)	年份	类别出口国代码	进口国代码	ISIC3产业代码	出口值(百万美元)
2006	156	392	2695	22.764843	2006	392	156	2695	3.324732
2007	156	392	2695	35.654961	2007	392	156	2695	2.668404
2004	156	251	2710	16.942114	2004	251	156	2710	171.390392
2005	156	251	2710	30.226553	2005	251	156	2710	235.140635
2006	156	251	2710	68.662558	2006	251	156	2710	287.174213
2007	156	251	2710	120.077329	2007	251	156	2710	237.397288
2004	156	276	2710	58.69937	2004	276	156	2710	855.442
2005	156	276	2710	90.158401	2005	276	156	2710	1206.241
2006	156	276	2710	389.181713	2006	276	156	2710	1588.291
2007	156	276	2710	735.934427	2007	276	156	2710	1449.993
2004	156	699	2710	151.73187	2004	699	156	2710	446.01038
2005	156	699	2710	383.306166	2005	699	156	2710	733.612259
2006	156	699	2710	1132.457355	2006	699	156	2710	410.125649
2007	156	699	2710	2143.901213	2007	699	156	2710	331.910103
2004	156	410	2710	2637.063225	2004	410	156	2710	3452.42052
2005	156	410	2710	4030.940267	2005	410	156	2710	3879.491
2006	156	410	2710	5226.672101	2006	410	156	2710	3184.130279
2007	156	410	2710	8386.446213	2007	410	156	2710	3032.154222
2004	156	842	2710	1690.859759	2004	842	156	2710	265.609726
2005	156	842	2710	2163.502931	2005	842	156	2710	448.124717
2006	156	842	2710	4298.612417	2006	842	156	2710	376.919367
2007	156	842	2710	4458.727613	2007	842	156	2710	632.270753
2004	156	392	2710	1293.659342	2004	392	156	2710	4885.65863
2005	156	392	2710	1532.241342	2005	392	156	2710	5600.880863
2006	156	392	2710	1444.666338	2006	392	156	2710	5942.294789
2007	156	392	2710	2116.109084	2007	392	156	2710	6522.781693
2004	156	251	2720	31.794104	2004	251	156	2720	75.73408
2005	156	251	2720	49.006685	2005	251	156	2720	101.517726
2006	156	251	2720	92.07548	2006	251	156	2720	145.968487
2007	156	251	2720	112.633163	2007	251	156	2720	212.504226
2004	156	276	2720	94.761738	2004	276	156	2720	477.303
2005	156	276	2720	109.432606	2005	251	156	2720	603.768
2006	156	276	2720	226.494562	2006	251	156	2720	799.538
2007	156	276	2720	338.957407	2007	251	156	2720	960.555
2004	156	699	2720	159.718118	2004	699	156	2720	246.746906
2005	156	699	2720	208.427403	2005	699	156	2720	415.35299

续表

类别\年份	出口国代码	进口国代码	ISIC3产业代码	出口值（百万美元）	类别\年份	出口国代码	进口国代码	ISIC3产业代码	出口值（百万美元）
2006	156	699	2720	457.399222	2006	699	156	2720	822.893635
2007	156	699	2720	553.808222	2007	699	156	2720	676.788263
2004	156	410	2720	1434.51785	2004	410	156	2720	1224.966099
2005	156	410	2720	1775.892679	2005	410	156	2720	1570.047278
2006	156	410	2720	3343.913084	2006	410	156	2720	2504.08564
2007	156	410	2720	3060.869815	2007	410	156	2720	2737.520441
2004	156	842	2720	607.091895	2004	842	156	2720	479.636015
2005	156	842	2720	1064.325529	2005	842	156	2720	1073.921138
2006	156	842	2720	1853.270174	2006	842	156	2720	1521.941575
2007	156	842	2720	1803.420443	2007	842	156	2720	1066.789115
2004	156	392	2720	1406.458659	2004	392	156	2720	1315.845883
2005	156	392	2720	1597.773484	2005	392	156	2720	1708.279568
2006	156	392	2720	1914.29453	2006	392	156	2720	2835.139802
2007	156	392	2720	1685.47428	2007	392	156	2720	3590.972722

注：各国代码分别为中国156，法国251，德国276，印度699，韩国410，美国842，日本392。
资料来源：UN Comtrade 数据库。

附表2　ISIC4 – ISIC3 – SITC3 之间的转换表格

ISIC4	ISIC3.1	ISIC3	ISIC3产业分类名称	SITC – 3
1010	1511	1511	肉类和肉制品的生产、加工和保藏	11.11
1010	1511	1511	肉类和肉制品的生产、加工及保藏	12.11
1010	1511	1511	肉类和肉制品的生产、加工及保藏	12.21
1010	1511	1511	肉类和肉制品的生产、加工及保藏	12.31
1010	1511	1511	肉类和肉制品的生产、加工及保藏	12.4
1010	1511	1511	肉类和肉制品的生产、加工及保藏	12.51
1010	1511	1511	肉类和肉制品的生产、加工及保藏	12.91
1010	1511	1511	肉类和肉制品的生产、加工及保藏	12.99
1010	1511	1511	肉类和肉制品的生产、加工及保藏	16.11
1010	1511	1511	肉类和肉制品的生产、加工及保藏	17.1
1010	1511	1511	肉类和肉制品的生产、加工及保藏	211.11
1010	1511	1511	肉类和肉制品的生产、加工及保藏	211.2
1010	1511	1511	肉类和肉制品的生产、加工及保藏	211.4
1010	1511	1511	肉类和肉制品的生产、加工及保藏	211.6
1010	1511	1511	肉类和肉制品的生产、加工及保藏	211.7
1010	1511	1511	肉类和肉制品的生产、加工及保藏	268.19
1010	1511	1511	肉类和肉制品的生产、加工及保藏	411.2
1010	1511	1511	肉类和肉制品的生产、加工及保藏	411.31

续表

ISIC4	ISIC3.1	ISIC3	ISIC3 产业分类名称	SITC-3
1010	1511	1511	肉类和肉制品的生产、加工及保藏	411.32
1050	1520	1520	乳制品的制造	061.91
1050	1520	1520	乳制品的制造	592.21
1061	1531	1531	谷物磨制品的制造	042.2
1061	1531	1531	谷物磨制品的制造	042.31
1061	1531	1531	谷物磨制品的制造	046.1
1061	1531	1531	谷物磨制品的制造	47.11
1061	1531	1531	谷物磨制品的制造	48.11
1061	1531	1531	谷物磨制品的制造	048.5
1061	1531	1531	谷物磨制品的制造	056.46
1061	1531	1531	谷物磨制品的制造	056.48
1062	1532	1532	淀粉及淀粉制品的制造	056.45
1062	1532	1532	淀粉及淀粉制品的制造	061.93
1062	1532	1532	淀粉及淀粉制品的制造	061.94
1062	1532	1532	淀粉及淀粉制品的制造	061.95
1062	1532	1532	淀粉及淀粉制品的制造	061.96
1062	1532	1532	淀粉及淀粉制品的制造	061.99
1062	1532	1532	淀粉及淀粉制品的制造	421.61
1062	1532	1532	淀粉及淀粉制品的制造	592.11
1062	1532	1532	淀粉及淀粉制品的制造	592.26
1080	1533	1533	牲畜精饲料的制造	081.95
1080	1533	1533	牲畜精饲料的制造	081.99
1071	1541	1541	烘烤食品的制造	048.41
1073	1543	1543	可可、巧克力及糖果的制造	062.1
1073	1543	1543	可可、巧克力及糖果的制造	062.21
1073	1543	1543	可可、巧克力及糖果的制造	072.2
1073	1543	1543	可可、巧克力及糖果的制造	072.31
1073	1543	1543	可可、巧克力及糖果的制造	072.4
1073	1543	1543	可可、巧克力及糖果的制造	073.1
1103	1553	1553	麦芽酒及麦芽的制造	048.2
1103	1553	1553	麦芽酒及麦芽的制造	112.3
1104	1554	1554	软饮料的制造和矿泉水生产	111.01
1391 和 1430	1730	1730	针织及钩针编织物及其制品的制造	655.11
1391 和 1430	1730	1730	针织及钩针编织物及其制品的制造	845.3
1391 和 1430	1730	1730	针织及钩针编织物及其制品的制造	845.4
1391 和 1430	1730	1730	针织及钩针编织物及其制品的制造	846.21
1610	2010	2010	锯木和刨木	246.11
1610	2010	2010	锯木和刨木	247.3

续表

ISIC4	ISIC3.1	ISIC3	ISIC3 产业分类名称	SITC-3
1610	2010	2010	锯木和刨木	248.11
1610	2010	2010	锯木和刨木	634.93
1621	2021	2021	薄板的制造；胶合板、侧条芯细木工板、碎料板及其他嵌板和板条的制造	634.12
1621	2021	2021	薄板的制造；胶合板、侧条芯细木工板、碎料板及其他嵌板和板条的制造	634.21
1621	2021	2021	薄板的制造；胶合板、侧条芯细木工板、碎料板及其他嵌板和板条的制造	634.31
1621	2021	2021	薄板的制造；胶合板、侧条芯细木工板、碎料板及其他嵌板和板条的制造	634.41
1621	2021	2021	薄板的制造；胶合板、侧条芯细木工板、碎料板及其他嵌板和板条的制造	634.49
1621	2021	2021	薄板的制造；胶合板、侧条芯细木工板、碎料板及其他嵌板和板条的制造	634.51
1622	2022	2022	建筑用木料及木材组件的加工	635.31
1623	2023	2023	木容器的制造	635.11
1623	2023	2023	木容器的制造	635.2
1701	2101	2101	纸浆、纸及纸板的制造	251.2
1701	2101	2101	纸浆、纸及纸板的制造	251.3
1701	2101	2101	纸浆、纸及纸板的制造	251.41
1701	2101	2101	纸浆、纸及纸板的制造	251.51
1701	2101	2101	纸浆、纸及纸板的制造	251.61
1701	2101	2101	纸浆、纸及纸板的制造	251.91
1701	2101	2101	纸浆、纸及纸板的制造	641.1
1701	2101	2101	纸浆、纸及纸板的制造	641.21
1701	2101	2101	纸浆、纸及纸板的制造	641.31
1701	2101	2101	纸浆、纸及纸板的制造	641.41
1701	2101	2101	纸浆、纸及纸板的制造	641.51
1701	2101	2101	纸浆、纸及纸板的制造	641.61
1701	2101	2101	纸浆、纸及纸板的制造	641.62
1701	2101	2101	纸浆、纸及纸板的制造	641.63
1701	2101	2101	纸浆、纸及纸板的制造	641.69
1701	2101	2101	纸浆、纸及纸板的制造	641.71
1701	2101	2101	纸浆、纸及纸板的制造	641.91
1701	2101	2101	纸浆、纸及纸板的制造	641.92
1702	2102	2102	瓦楞纸和瓦楞纸板以及纸容器和纸板容器的制造	641.64
1702	2102	2102	瓦楞纸和瓦楞纸板以及纸容器和纸板容器的制造	642.11
1812	2222	2222	与印刷有关的服务	726.35
2021	2421	2421	农药及其他农用化工产品的制造	591.1

续表

ISIC4	ISIC3.1	ISIC3	ISIC3 产业分类名称	SITC-3
2022	2422	2422	颜料、清漆及类似涂料、印刷油墨及胶粘剂的制造	533.21
2022	2422	2422	颜料、清漆及类似涂料、印刷油墨及胶粘剂的制造	533.41
2022	2422	2422	颜料、清漆及类似涂料、印刷油墨及胶粘剂的制造	533.51
2023	2424	2424	肥皂和洗涤剂、清洁剂和擦亮剂、香水及盥洗用品的制造	512.22
2023	2424	2424	肥皂和洗涤剂、清洁剂和擦亮剂、香水及盥洗用品的制造	553.1
2023	2424	2424	肥皂和洗涤剂、清洁剂和擦亮剂、香水及盥洗用品的制造	554.11
2023	2424	2424	肥皂和洗涤剂、清洁剂和擦亮剂、香水及盥洗用品的制造	598.31
2030	2430	2430	合成纤维的制造	266.51
2030	2430	2430	合成纤维的制造	266.61
2030	2430	2430	合成纤维的制造	267.11
2030	2430	2430	合成纤维的制造	267.12
2030	2430	2430	合成纤维的制造	651.51
2030	2430	2430	合成纤维的制造	651.62
2030	2430	2430	合成纤维的制造	651.63
2030	2430	2430	合成纤维的制造	651.64
2030	2430	2430	合成纤维的制造	651.72
2030	2430	2430	合成纤维的制造	651.73
2030	2430	2430	合成纤维的制造	651.74
2030	2430	2430	合成纤维的制造	651.75
2030	2430	2430	合成纤维的制造	651.77
2030	2430	2430	合成纤维的制造	651.88
2310	2610	2610	玻璃和玻璃制品的制造、未另分类的非金属制品的制造	651.95
2310	2610	2610	玻璃和玻璃制品的制造、未另分类的非金属制品的制造	654.6
2310	2610	2610	玻璃和玻璃制品的制造、未另分类的非金属制品的制造	664.11
2310	2610	2610	玻璃和玻璃制品的制造、未另分类的非金属制品的制造	665.11
2310	2610	2610	玻璃和玻璃制品的制造、未另分类的非金属制品的制造	773.22
2310	2610	2610	玻璃和玻璃制品的制造、未另分类的非金属制品的制造	813.91
2391	2692	2692	耐火陶瓷制品的制造	662.31
2391	2692	2692	耐火陶瓷制品的制造	663.38
2391	2692	2692	耐火陶瓷制品的制造	663.7
2392	2693	2693	结构性非耐火黏土制品的制品	662.41
2394	2694	2694	水泥、石灰及石膏的制造	273.24
2394	2694	2694	水泥、石灰及石膏的制造	661.11
2394	2694	2694	水泥、石灰及石膏的制造	661.21
2394	2694	2694	水泥、石灰及石膏的制造	661.23
2394	2694	2694	水泥、石灰及石膏的制造	661.29
2395	2695	2695	混凝土、水泥和石膏制品的制造	598.98
2395	2695	2695	混凝土、水泥和石膏制品的制造	661.82
2395	2695	2695	混凝土、水泥和石膏制品的制造	661.83

续表

ISIC4	ISIC3.1	ISIC3	ISIC3产业分类名称	SITC-3
2395	2695	2695	混凝土、水泥和石膏制品的制造	663.31
2395	2695	2695	混凝土、水泥和石膏制品的制造	663.32
2395	2695	2695	混凝土、水泥和石膏制品的制造	663.33
2395	2695	2695	混凝土、水泥和石膏制品的制造	663.34
2396	2696	2696	石头的切割、成形和精加工	661.31
2410	2710	2710	基本钢铁的制造	671.21
2410	2710	2710	基本钢铁的制造	671.31
2410	2710	2710	基本钢铁的制造	671.41
2410	2710	2710	基本钢铁的制造	671.51
2410	2710	2710	基本钢铁的制造	672.41
2410	2710	2710	基本钢铁的制造	673.11
2410	2710	2710	基本钢铁的制造	674.11
2410	2710	2710	基本钢铁的制造	675.11
2410	2710	2710	基本钢铁的制造	676.11
2410	2710	2710	基本钢铁的制造	677.01
2410	2710	2710	基本钢铁的制造	678.11
2410	2710	2710	基本钢铁的制造	679.11
2420	2720	2720	基本贵重有色金属的制造	283.21
2420	2720	2720	基本贵重有色金属的制造	284.21
2420	2720	2720	基本贵重有色金属的制造	285.2
2420	2720	2720	基本贵重有色金属的制造	681.12
2420	2720	2720	基本贵重有色金属的制造	682.11
2420	2720	2720	基本贵重有色金属的制造	683.11
2420	2720	2720	基本贵重有色金属的制造	684.11
2420	2720	2720	基本贵重有色金属的制造	685.11
2420	2720	2720	基本贵重有色金属的制造	686.11
2420	2720	2720	基本贵重有色金属的制造	687.11
2420	2720	2720	基本贵重有色金属的制造	689.11
2420	2720	2720	基本贵重有色金属的制造	699.81
2420	2720	2720	基本贵重有色金属的制造	699.91
2420	2720	2720	基本贵重有色金属的制造	971.01
2420	2720	2720	基本贵重有色金属的制造	971.02

附表3　2004~2007年中国与6个主要贸易伙伴国29个制造业产业的双边相对自由度

ISIC3	年份	中法	中德	中印	中韩	中美	中日
1520	2004	0.0001	0.0004	0.0000	0.0001	0.0010	0.0001
1520	2005	0.0000	0.0002	0.0000	0.0001	0.0012	0.0000
1520	2006	0.0001	0.0003	0.0000	0.0000	0.0014	0.0000
1520	2007	0.0004	0.0015	0.0001	0.0001	0.0014	0.0000

续表

ISIC3	年份	中法	中德	中印	中韩	中美	中日
1531	2004	0.0001	0.0002	0.0001	0.0084	0.0013	0.0069
1531	2005	0.0002	0.0002	0.0001	0.0100	0.0006	0.0072
1531	2006	0.0001	0.0003	0.0000	0.0104	0.0020	0.0060
1531	2007	0.0001	0.0004	0.0002	0.0133	0.0017	0.0047
1533	2004	0.0010	0.0014	0.0007	0.0105	0.0075	0.0114
1533	2005	0.0010	0.0018	0.0003	0.0109	0.0038	0.0103
1533	2006	0.0010	0.0035	0.0003	0.0102	0.0059	0.0091
1533	2007	0.0005	0.0050	0.0025	0.0105	0.0064	0.0098
1541	2004	0.0001	0.0000	0.0002	0.0122	0.0010	0.0016
1541	2005	0.0001	0.0001	0.0002	0.0152	0.0011	0.0022
1541	2006	0.0001	0.0001	0.0007	0.0161	0.0012	0.0021
1541	2007	0.0001	0.0001	0.0001	0.0134	0.0009	0.0020
1543	2004	0.0015	0.0041	0.0003	0.0139	0.0084	0.0070
1543	2005	0.0020	0.0035	0.0005	0.0159	0.0091	0.0083
1543	2006	0.0051	0.0039	0.0007	0.0159	0.0104	0.0075
1543	2007	0.0050	0.0041	0.0002	0.0166	0.0109	0.0070
1554	2004	0.0005	0.0000	0.0000	0.0006	0.0003	0.0002
1554	2005	0.0004	0.0001	0.0000	0.0014	0.0002	0.0004
1554	2006	0.0003	0.0001	0.0000	0.0007	0.0002	0.0006
1554	2007	0.0008	0.0003	0.0000	0.0006	0.0003	0.0008
1730	2004	0.0097	0.0294	0.0020	0.2701	0.0220	0.2787
1730	2005	0.0137	0.0520	0.0023	0.2274	0.0464	0.2972
1730	2006	0.0150	0.0542	0.0016	0.2284	0.0305	0.2872
1730	2007	0.0173	0.0551	0.0028	0.2092	0.0453	0.2803
2010	2004	0.0033	0.0145	0.0000	0.0378	0.0609	0.0373
2010	2005	0.0068	0.0162	0.0026	0.0260	0.0909	0.0348
2010	2006	0.0072	0.0160	0.0030	0.0260	0.1137	0.0264
2010	2007	0.0076	0.0159	0.0006	0.0202	0.0899	0.0193
2021	2004	0.0029	0.0174	0.0018	0.0518	0.0354	0.0167
2021	2005	0.0033	0.0159	0.0026	0.0257	0.0268	0.0161
2021	2006	0.0043	0.0163	0.0035	0.0227	0.0247	0.0162
2021	2007	0.0039	0.0122	0.0035	0.0093	0.0282	0.0127
2023	2004	0.0055	0.0030	0.0000	0.0060	0.0058	0.0077
2023	2005	0.0036	0.0025	0.0013	0.0051	0.0045	0.0076
2023	2006	0.0092	0.0027	0.0034	0.0072	0.0085	0.0088
2023	2007	0.0057	0.0034	0.0038	0.0073	0.0043	0.0069
2101	2004	0.0038	0.0054	0.0011	0.0302	0.0174	0.0305
2101	2005	0.0053	0.0071	0.0015	0.0307	0.0209	0.0329
2101	2006	0.0060	0.0080	0.0027	0.0322	0.0254	0.0331

续表

ISIC3	年份	中法	中德	中印	中韩	中美	中日
2101	2007	0.0087	0.0079	0.0027	0.0302	0.0236	0.0245
2102	2004	0.0015	0.0014	0.0000	0.0043	0.0062	0.0040
2102	2005	0.0016	0.0017	0.0001	0.0049	0.0047	0.0036
2102	2006	0.0020	0.0022	0.0003	0.0055	0.0047	0.0039
2102	2007	0.0020	0.0025	0.0002	0.0057	0.0038	0.0035
2222	2004	0.0001	0.0010	0.0021	0.0010	0.0005	0.0003
2222	2005	0.0001	0.0016	0.0012	0.0012	0.0011	0.0006
2222	2006	0.0001	0.0010	0.0012	0.0023	0.0009	0.0012
2222	2007	0.0006	0.0009	0.0002	0.0024	0.0016	0.0028
2424	2004	0.0084	0.0058	0.0026	0.0109	0.0124	0.0139
2424	2005	0.0096	0.0083	0.0027	0.0104	0.0158	0.0166
2424	2006	0.0122	0.0120	0.0026	0.0137	0.0199	0.0207
2424	2007	0.0135	0.0130	0.0039	0.0152	0.0204	0.0237
2430	2004	0.0078	0.0131	0.0357	0.0855	0.0324	0.0598
2430	2005	0.0068	0.0139	0.0312	0.0811	0.0057	0.0506
2430	2006	0.0067	0.0136	0.0258	0.0944	0.0065	0.0526
2430	2007	0.0092	0.0147	0.0258	0.0930	0.0073	0.0510
2610	2004	0.0101	0.0199	0.0114	0.0583	0.0393	0.0582
2610	2005	0.0132	0.0208	0.0210	0.0456	0.0415	0.0564
2610	2006	0.0136	0.0257	0.0224	0.0374	0.0453	0.0505
2610	2007	0.0138	0.0252	0.0306	0.0297	0.0457	0.0493
2692	2004	0.0071	0.0231	0.0101	0.0183	0.0226	0.0342
2692	2005	0.0089	0.0188	0.0137	0.0155	0.0201	0.0288
2692	2006	0.0092	0.0149	0.0175	0.0313	0.0232	0.0301
2692	2007	0.0096	0.0144	0.0148	0.0256	0.0190	0.0228
2693	2004	0.0006	0.0015	0.0011	0.0063	0.0017	0.0082
2693	2005	0.0008	0.0032	0.0007	0.0051	0.0036	0.0056
2693	2006	0.0013	0.0024	0.0015	0.0044	0.0040	0.0093
2693	2007	0.0012	0.0045	0.0006	0.0037	0.0036	0.0079
2695	2004	0.0003	0.0001	0.0000	0.0014	0.0007	0.0007
2695	2005	0.0001	0.0002	0.0006	0.0012	0.0009	0.0009
2695	2006	0.0001	0.0005	0.0007	0.0011	0.0019	0.0011
2695	2007	0.0002	0.0006	0.0002	0.0019	0.0008	0.0010
2696	2004	0.0036	0.0057	0.0074	0.0224	0.0112	0.0094
2696	2005	0.0017	0.0034	0.0135	0.0232	0.0193	0.0089
2696	2006	0.0022	0.0053	0.0087	0.0246	0.0095	0.0080
2696	2007	0.0037	0.0047	0.0120	0.0382	0.0103	0.0091
2710	2004	0.0031	0.0084	0.0109	0.0960	0.0140	0.0543
2710	2005	0.0043	0.0103	0.0213	0.1061	0.0180	0.0504
2710	2006	0.0060	0.0214	0.0213	0.0971	0.0203	0.0475

续表

ISIC3	年份	中法	中德	中印	中韩	中美	中日
2710	2007	0.0057	0.0211	0.0175	0.1012	0.0223	0.0548
2720	2004	0.0090	0.0219	0.0336	0.1763	0.0305	0.1081
2720	2005	0.0106	0.0228	0.0417	0.1785	0.0493	0.1093
2720	2006	0.0116	0.0272	0.0507	0.2078	0.0547	0.1051
2720	2007	0.0133	0.0287	0.0426	0.1663	0.0342	0.0941

资料来源：作者根据相关数据计算而得。

附表4　2004~2007年中国与6个主要贸易伙伴国29个制造业产业的双边相对多边阻力

ISIC3	年份	中法	中德	中印	中韩	中美	中日
1520	2004	0.3035	0.2026	0.4031	0.0491	0.6071	0.1779
1520	2005	0.2634	0.1707	0.3936	0.0446	0.5606	0.1616
1520	2006	0.2351	0.1494	0.3657	0.0408	0.4861	0.1440
1520	2007	0.2377	0.1632	0.3811	0.0399	0.5308	0.1451
1531	2004	0.0586	0.0671	1.3564	0.0476	0.1417	0.0757
1531	2005	0.0494	0.0557	1.1843	0.0431	0.1294	0.0667
1531	2006	0.0462	0.0540	1.1207	0.0416	0.1161	0.0603
1531	2007	0.0387	0.0462	0.9317	0.0318	0.0956	0.0494
1533	2004	0.1196	0.0877	0.1262	0.0400	0.2238	0.0680
1533	2005	0.1040	0.0785	0.1138	0.0354	0.2011	0.0571
1533	2006	0.0986	0.0740	0.1323	0.0353	0.1943	0.0559
1533	2007	0.0767	0.0624	0.1151	0.0299	0.1755	0.0478
1541	2004	1.3409	2.0862	0.2884	0.1313	1.8237	1.3226
1541	2005	1.2480	2.0389	0.2696	0.1305	1.6953	1.2594
1541	2006	1.2246	1.8582	0.3030	0.1183	1.5793	1.1941
1541	2007	1.1247	1.8005	0.2598	0.0954	1.5187	1.1378
1543	2004	0.3828	0.4993	0.2000	0.0809	0.7127	0.5229
1543	2005	0.3227	0.4394	0.2459	0.0745	0.6625	0.5049
1543	2006	0.2924	0.3911	0.1722	0.0705	0.5660	0.4353
1543	2007	0.2739	0.3735	0.2062	0.0665	0.5714	0.4037
1554	2004	0.1125	0.1782	0.2205	0.0465	0.4227	0.1581
1554	2005	0.0980	0.1587	0.1978	0.0425	0.3876	0.1453
1554	2006	0.0885	0.1449	0.1935	0.0381	0.3527	0.1329
1554	2007	0.0757	0.1231	0.1902	0.0314	0.3019	0.1165
1730	2004	0.0283	0.0504	0.1245	0.2861	0.0660	0.3255
1730	2005	0.0300	0.0746	0.1351	0.2423	0.0859	0.3399
1730	2006	0.0289	0.0789	0.2189	0.2420	0.0654	0.3253
1730	2007	0.0313	0.0741	0.1361	0.2215	0.0728	0.3169
2010	2004	0.2950	0.3227	0.1074	0.1063	1.1440	0.5760
2010	2005	0.2826	0.3685	0.1008	0.0932	1.1717	0.5574
2010	2006	0.2660	0.3034	0.1005	0.0907	1.1100	0.4774

续表

ISIC3	年份	中法	中德	中印	中韩	中美	中日
2010	2007	0.2288	0.2940	0.0922	0.0592	0.9785	0.4159
2021	2004	0.0334	0.0689	0.0699	0.0295	0.1881	0.0904
2021	2005	0.0329	0.0643	0.0664	0.0271	0.2634	0.0756
2021	2006	0.0319	0.0590	0.0753	0.0258	0.2403	0.0673
2021	2007	0.0246	0.0453	0.0699	0.0203	0.1015	0.0646
2023	2004	0.6092	0.3296	0.1036	0.1656	1.6582	0.3054
2023	2005	0.6132	0.3877	0.1293	0.1960	1.6638	0.2740
2023	2006	0.5863	0.3554	0.1114	0.2057	1.7128	0.2717
2023	2007	0.5442	0.3629	0.1669	0.1554	1.7766	0.2482
2101	2004	0.0646	0.0844	0.1294	0.0645	0.3481	0.1013
2101	2005	0.0663	0.0848	0.1373	0.0613	0.1949	0.0998
2101	2006	0.3118	0.2002	0.1395	0.0624	0.1959	0.0999
2101	2007	0.0643	0.0828	0.2118	0.0595	0.2345	0.0914
2102	2004	0.0385	0.0554	0.0503	0.0287	0.1837	0.0933
2102	2005	0.0381	0.0554	0.0487	0.0297	0.2145	0.0914
2102	2006	0.0372	0.0560	0.0571	0.0295	0.2042	0.0891
2102	2007	0.0363	0.0547	0.0560	0.0248	0.1737	0.0890
2222	2004	0.7966	1.0783	0.1107	0.3132	1.6435	2.1231
2222	2005	0.6967	0.9603	0.1292	0.3088	1.4391	1.8454
2222	2006	0.6761	1.0052	0.1625	0.3332	1.3502	1.7576
2222	2007	0.6950	1.1481	0.1643	0.2748	1.5219	1.9527
2424	2004	0.3650	0.3427	0.3460	0.0997	0.5449	0.2450
2424	2005	0.3368	0.3092	0.3872	0.0891	0.5024	0.2340
2424	2006	0.3298	0.3121	0.3717	0.0914	0.5057	0.2298
2424	2007	0.3098	0.2969	0.3859	0.0828	0.4901	0.2215
2430	2004	0.0264	0.0568	0.1073	0.1144	0.0860	0.0913
2430	2005	0.0217	0.0516	0.0990	0.1011	0.0539	0.0769
2430	2006	0.0211	0.0495	0.0866	0.1127	0.0493	0.0791
2430	2007	0.0266	0.0500	0.0659	0.1112	0.0486	0.0751
2610	2004	0.1009	0.1317	0.0904	0.0974	0.1998	0.1398
2610	2005	0.0960	0.1221	0.1028	0.0855	0.1944	0.1337
2610	2006	0.0891	0.1188	0.0974	0.0751	0.1878	0.1210
2610	2007	0.0819	0.1117	0.0938	0.0623	0.1726	0.1154
2692	2004	0.0314	0.0666	0.1514	0.0358	0.0679	0.1047
2692	2005	0.0324	0.0611	0.1481	0.0317	0.0649	0.0971
2692	2006	0.0313	0.0580	0.1607	0.0459	0.0680	0.0877
2692	2007	0.0279	0.0515	0.1465	0.0379	0.0632	0.0828
2693	2004	0.0193	0.0321	0.3454	0.0143	0.0419	0.0222
2693	2005	0.0184	0.0325	0.3943	0.0120	0.0402	0.0170

续表

ISIC3	年份	中法	中德	中印	中韩	中美	中日
2693	2006	0.0170	0.0288	0.4473	0.0112	0.0386	0.0200
2693	2007	0.0165	0.0298	0.4269	0.0093	0.0353	0.0161
2695	2004	0.0881	0.1676	0.0969	0.0663	0.4616	0.2369
2695	2005	0.0896	0.1554	0.1111	0.0651	0.4818	0.2272
2695	2006	0.0829	0.1483	0.1171	0.0602	0.4674	0.2031
2695	2007	0.0713	0.1395	0.1135	0.0519	0.4314	0.1833
2696	2004	0.1009	0.1616	0.4815	0.0524	0.1721	0.1664
2696	2005	0.0904	0.1768	0.4395	0.0508	0.1923	0.1463
2696	2006	0.0784	0.1492	0.5301	0.0468	0.1688	0.1270
2696	2007	0.0710	0.1238	0.4112	0.0494	0.1874	0.1164
2710	2004	0.0501	0.0766	0.1855	0.1359	0.0959	0.1174
2710	2005	0.0415	0.0644	0.1715	0.1392	0.0815	0.1013
2710	2006	0.0407	0.0728	0.1947	0.1307	0.0819	0.0988
2710	2007	0.0402	0.0727	0.2032	0.1362	0.0882	0.1086
2720	2004	0.0527	0.0895	0.0991	0.2057	0.1343	0.1563
2720	2005	0.0560	0.0913	0.1071	0.2078	0.1526	0.1591
2720	2006	0.0589	0.0942	0.1240	0.2348	0.1510	0.1546
2720	2007	0.0596	0.0905	0.1036	0.1921	0.1300	0.1447

资料来源：作者根据相关数据计算而得。

参考文献

[1] Abe K. and Wilson J. S.. Governance, Corruption, and Trade in the Asia Pacific Region [R]. Policy Research Working Paper 4731, World Bank, Washington, D. C. , 2008.

[2] Abdoulaye Seck. Trade Facilitation and Trade Participation: Are Sub – Saharan African Firms Different? [J]. Journal of African Trade, 2016 (3): 23 – 39.

[3] Ahmad M.. Reforming Trade Facilitation: Experience of Pakistan [M]. Presentation to Trade Logistics Advisory Program, World Bank, Washington, DC. Pakistan Mission to World Trade Organization, Geneva, 2008.

[4] Amurgo – Pacheco A. and Pierola M. D.. Patterns of Export Diversification in Developing Countries: Intensive and Extensive Margins [R]. The World Bank, Policy Research Working Paper, 2008.

[5] Andersen J. E. and van Wincoop E.. Trade Costs [J]. Journal of Economic Literature, 2004 (3): 691 – 751.

[6] Anderson J. E. and van Wincoop E.. Gravity with Gravitas: A Solution to the Border Puzzle [J]. The American Economic Review, 2003, 93 (1): 170 – 192.

[7] Anderson J. E.. A Theoretical Foundation for the Gravity Equation [J]. American Economic Review, LXIX 1979: 106 – 116.

[8] Andersson M.. Entry Costs and Adjustments on the Extensive Margin—An Analysis of How Familiarity Breeds Exports [R]. CESIS and JIBS Working Paper, 2007.

[9] APEC. A Results – oriented Approach to APEC's Supply Chain Connectivity Initiative [M]. APEC Policy Support Unit, 2009.

[10] APEC. APEC Trade Facilitation Action Plan [R]. APEC Committee on Trade and Investment Singapore, 2002.

[11] APEC. Assessment on Paperless Trading to Facilitate Cross Border Trade in the APEC Region, APEC Committee on Trade and Investment [J]. Assessment and Best Practices on Paperless Trading to Facilitate Cross Border Trade in the APEC Region: Section, 2010 (2).

[12] APEC. The Impact of Trade Liberalization in APEC [R]. Asia Pacific Economic Co-operation (APEC), Singapore, 1997.

[13] Arkolakis C.. Market Access Costs and the New Consumers Margin in International Trade [C/OL]. University of Minnesota Job Market Paper, https://Secureweb. Mcgill. ca/Economics/Sites/Mcgill. ca. Economics/Files/ArkoLakispaper. pdf, 2006.

[14] Arkolakis C. and Muendler Marc-A.. The Extensive Margin of Exporting Goods: A Firm-Level Analysis [R]. NBER Working Paper, 2010.

[15] Baldwin R. E. and Krugman P. R.. Persistent Trade Effects of Large Exchange Rate Shocks [J]. Quarterly Journal of Economics, 1989, 104 (4): 635-654.

[16] Baldwin R. E.. Regulatory Protectionism, Developing Nations, and a Two-Tier World Trade System [J]. Brookings Trade Forum, 2000 (1): 237-280.

[17] Bernard A. B., Jensen B. J., Redding S. J. and Schott P. K.. Importers, Exporters and Multinationals: A Portrait of Firms in the U. S. that Trade Goods [A] // T. Dunne, Jensen, J. B. and Roberts, M. J. (eds.), Producer Dynamics: New Evidence from Micro Data [M]. University of Chicago Press, 2009.

[18] Bernard A. B., Jensen B. J., Redding S. J. and Schott P. K.. Firms in International Trade [J]. Journal of Economic Perspectives, 2007, 21 (3): 105-130.

[19] Bernard A. B., Jensen B. J.. Exceptional Exporter Performance: Cause, Effect, or Both? [R]. NBER Working Papers, 1997.

[20] Bernard A. B. and Jensen J. B.. Exporting and Productivity in the USA [J]. Oxford Review of Economic Policy, 2004, 20 (3): 343-357.

[21] Bernard A. B. and Jensen J. B.. Exporters, Jobs, and Wages in US Manu-

facturing: 1976 – 1987 [J/OL]. Brooking Papers: Microeconomics, http: //Mba. Tuck. Dartmouth. Edu/Pages/Faculty/Andrew. Bernard/bp – Exporters. pdf, 1995: 67 – 119.

[22] Bernard A. B., Redding S. J. and Schott P. K.. Multi – Product Firms and Trade Liberalization [J]. Quarterly Journal of Economics, 2011, 126 (3): 1271 – 1318.

[23] Bernard A. B., Redding S. J. and Schott P. K.. Multi – Product Firms and Product Switching [J]. American Economic Review, 2010, 100 (1): 70 – 97.

[24] Bernard A. B., S. J. Redding and P. K. Schott. Comparative Advantage and Heterogeneous Firms [J]. Review of Economic Studies, 2007, 74 (1): 31 – 66.

[25] Bernard A. B. and Wagner J.. Export Entry and Exit by German Firms [J]. Weltwirtschaftliches Archiv, 2001, 137 (1): 105 – 123.

[26] Bernard A. B., J. B. Jensen. Why Some Firms Export [J]. The Review of Economics and Statistics, 2004, 86 (2): 561 – 569.

[27] Bernard A. B., S. J. Redding, and P. K. Schott. Multi – Product Firms and the Dynamics of Product Mix [M]. Tuck School of Business, Mimeo, 2006.

[28] Besedeš T. and Prusa T. J.. Product Differentiation and Duration of US Import Trade [R]. NBER Working Paper, 2005.

[29] Besedeš T. and Prusa T. J.. The Role of Extensive and Intensive Margins and Export Growth [R]. NBER Working Paper, 2007.

[30] Blanchard O. and L. Summers. Hysteresis and the European Unemployment Problem [R]. NBER Working Paper, 1986.

[31] Bolhöfer C. E.. Trade Facilitation—WTO Law and its Revision to Facilitate Global Trade in Goods [J]. Global Trade and Customs Journal, 2007, 2 (11/12): 385 – 391.

[32] Butterly T. Trade Facilitation in a Global Trade Environment [M/OL]. UNECE (Ed.), Trade Facilitation: The Challenges for Growth and Development, United Nations, Geneva, http: //www. unece. org/fileadmin/DAM/cefact/publica/ece_trade_299. pdf, 2003.

[33] Chaney T.. Distorted Gravity: The Intensive and Extensive Margins of International Trade [J]. American Economic Review, 2008, 98 (4): 1707 – 1721.

[34] Clerides S. K., Lach S. and Tybout J. R.. Is Learning by Exporting Important? Micro – Dynamic Evidence from Colombia, Mexico, and Morocco [J]. The

Quarterly Journal of Economics, 1998, 113 (3): 903 - 947.

[35] Cole M. A., Elliott R. J. R. and Virakul, S.. Firm Heterogeneity, Origin of Ownership and Export Participation [J]. China World Economy, 2010, 33 (2): 264 - 291.

[36] Creusen H. and Smeets R.. Fixed Export Costs and Multi - Product Firms [Z]. CPB Discussion Paper, 2011: 188.

[37] Crozet M. and Koenig P.. Structural Gravity Equations with Intensive and Extensive Margins [J]. Canadian Journal of Economics, 2010, 43 (1): 41 - 62.

[38] Daniel Sakyi, Isaac Bonuedi, Eric Evans Osei Opoku. Trade Facilitation and Social Welfare in Africa [J]. Journal of African Trade, 2018 (5): 35 - 53.

[39] Das S., Roberts M. J. and Tyout J. R.. Market Entry Costs, Producer Heterogeneity, and Export Dynamics [J]. Econometrica, 2007, 75 (3): 837 - 873.

[40] Decreux I. and Fontagne L.. A Quantitative Assessment of the Outcome of the Doha Development Agenda [R]. CEPII Working Paper, 2006 (10).

[41] Dennis A. and Shepherd B.. Trade Facilitation and Export Diversification [J]. The World Economy, 2011, 34 (1): 101 - 122.

[42] Dennis A.. Global Economic Crisis and Trade: The Role of Trade Facilitation [J]. Applied Economics Letters, 2010, 17 (18): 1753 - 1757.

[43] Dennis A.. The Impact of Regional Trade Agreements and Trade Facilitation in the Middle East and North Africa Region [R]. Policy Research Working Paper Series, The World Bank, 2006.

[44] Di Giovanni J. and Levchenko A.. Firm Entry, Trade, and Welfare in Zipf's World [M]. University of Michigan, Unpublished Manuscript, 2010.

[45] Dixit A.. Entry and Exit Decisions under Uncertainty [J]. Journal of Political Economy, 1989a, 97 (3): 620 - 638.

[46] Dixit A.. Hysteresis, Import Penetration, and Exchange Rate Pass - through [J]. Quarterly Journal of Economics, 1989b, 104 (2): 205 - 228.

[47] Djankov S., Freund, C. and Pham C. S.. Trading on Time [R]. World Bank Policy Research Working Paper, The World Bank, 2006.

[48] Djankov S., McLiesh C. and Ramalho R. M. Regulation and Growth [J/OL]. Economics Letters, Elsevier, 395401, http: //Investmentcouncil. kg/Down-

loads/inv_Climat/Regulation%20and%20Growth. pdf, 2006 (92).

[49] Dominique N. , Wilson J. S. and Fosso B. P.. Intra – Africa Trade Constraints: The Impact of Trade Facilitation [R]. Policy Research Working Paper, World Bank, Washington, D. C. , 2008.

[50] Eaton J. , S. Kortum and F. Kramarz. An Anatomy of International Trade: Evidence from French Firms [M]. University of Minnesota, Mimeo, 2005.

[51] Eaton J. , S. Kortum and F. Kramarz. An Anatomy of International Trade [R]. NBER Working Paper, 2008.

[52] Eckel C. and Neary P. J.. Multi – Product Firms and Flexible Manufacturing in the Global Economy [J]. Review of Economic Studies, 2010, 77 (1): 188 – 217.

[53] Eifert B.. Do Regulatory Reforms Stimulate Investment and Growth? Evidence from the Doing Business Data, 2003 – 07 [R]. Working Paper, Center for Global Development, Washington, D. C. , 2009: 159.

[54] Ekholm K. , and K. H. Midelfart. Relative Wages and Trade – induced Changes in Technology [R]. Stockholm School of Economics, Mimeo, 2001.

[55] Engman M.. The Economic Impact of Trade Facilitation [R]. OECD Trade Policy Working Papers, OECD Trade Directorate, 2005: 21.

[56] Evenett S. J. and Venables A. J.. Export Growth in Developing Countries: Market Entry and Bilateral Trade Flows [R/OL]. University of Bern Working Paper, http: //130. 203. 133. 150/showciting; jsessionid = 45BB88EC711D3DBAF07B1E49755 6D1D9? cid = 9957557, 2002.

[57] Falvey R. , Greenaway D. and Yu Z. . Intra – industry Trade between Asymmetric Countries with Heterogeneous Firms [R]. Leverhulme Centre for Research on Globalization and Economic Policy Working Paper, 2004.

[58] Felbermayr G. J. and Kohler W. . Exploring the Intensive and Extensive Margin of World Trade [R]. CESifo Working Paper Series, 2004.

[59] Felbermayr G. J. , and Kohler W. . Exploring the Intensive and Extensive Margin of World Trade [J]. Review of World Economics, 2006, 142 (4): 642 – 674.

[60] Ferguson S. and Forslid R. . The Heterogeneous Effects of Trade Facilitation: Theory and Evidence [R/OL]. Working Paper, http: //www. etsg. org/ETSG2011/Papers/Ferguson. pdf, 2011.

[61] Francois J. and Manchin M.. Institutions, Infrastructure, and Trade [R]. World Bank Policy Research Working Paper, 2007.

[62] Freund C., and Rocha N.. What Constrains Africa's Exports? [R]. World Bank Policy Research Working Paper 5184, 2008.

[63] Freund C., and Rocha N.. What Constrains Africa's Exports? [J]. World Bank Economic Review, 2011, 25 (3): 361 – 386.

[64] Goldberg P. K., Khandelwal A., Pavcnik N. and Topalova P.. Multi – Product Firms and Product Turnover in the Developing World: Evidence from India [R]. Nber Working Paper, 2008.

[65] Grainger A.. A Paperless Trade and Customs Environment in Europe: Turning Vision into Reality [Z]. A Europro Paper, 2004.

[66] Grainger A.. Customs and Trade Facilitation: From Concepts to Implementation [J]. World Customs Journal, 2008b, 2 (1): 17 – 30.

[67] Grainger A.. Supply Chain Security: Adding to a Complex Operation and Institutional Environment [J]. World Customs Journal, 2007a, 1 (2): 17 – 29.

[68] Grainger A.. Trade Facilitation and Import – export Procedures in the EU [M]. Forthcoming, European Parliament, Brussels., 2008a.

[69] Grainger A.. Trade Facilitation: A Review [R]. Working Paper, Trade Facilitation Consulting Ltd, http://www.tradefacilitation.co.uk, 2007b.

[70] Hart O. and Holmstrom B.. The Theory of Contracts [A] // Bewley, T. (Ed.), Advances in Economic Theory [M]. Cambridge University Press, Cambridge, 1987.

[71] Helpman E., Melitz M. J. and Rubinstein Y.. Estimating Trade Flows: Trading Partners and Trading Volumes [J]. Quarterly Journal of Economics, 2008, 123 (2): 441 – 487.

[72] Hoekman B., Nicita A.. Trade Policy, Trade Costs, and Developing Country Trade [J]. World Development, 2011, 39 (12): 2069 – 2079.

[73] Hofstede G. H.. Culture's Consequences: International Differences in Work – Related Values [M]. Thousand Oaks, CA, 1980.

[74] Hsieh C. T. and Klenow P.. Misallocation and Manufacturing TFP in China and India [J]. Quarterly Journal of Economics, 2009, 124 (4): 1403 – 1448.

[75] Huang R. R.. Distance and Trade: Disentangling Unfamiliarity Effects and Transport Cost Effects [J]. European Economic Review, 2007 (51): 161 – 181.

[76] Hummels D. and Klenow P. J.. The Variety and Quality of a Nation's Trade [J]. American Economic Review, 2005, 95 (3): 704 – 723.

[77] Iwanow T., Kirkpatrick C.. Trade Facilitation and Manufactured Exports: Is Africa Different? [J]. World Development, 2009, 37 (6): 1039 – 1050.

[78] Kim S. and Park I.. Measuring the Impact of Northeast Asian Trade Facilitation on Intra – regional Trade [R]. Korea Institute for International Economic Policy Working Paper Series, 2004: 35.

[79] Klenow P. and Rodriguez – Clare A.. Quantifying Variety Gains from Trade Liberalization [R]. University of Chicago Working Paper, 1997.

[80] Krautheim S.. Gravity and Information: Heterogeneous Firms, Exporter Networks and the "Distance Puzzle" [R/OL]. Goethe University, Frankfurt Working Paper, http://www.wiwi.uni-frankfurt.de/fileadmin/user_upload/dateien_abteilungen/abt_ewf/International_Economics/publications/Gravity_WP_Dec_2010.pdf, 2010.

[81] Krugman P. R.. Scale Economies, Product Differentiation and the Patterns of Trade [J]. American Economic Review, 1980, 70 (5): 950 – 959.

[82] Lawless M.. Firm Export Dynamics and the Geography of Trade [J]. Journal of International Economics, 2009 (77): 245 – 254.

[83] Lionel Fontagné, Orefice G, Piermartini R.. Making (Small) Firms Happy: The Heterogeneous Effect of Trade Facilitation Measures [R]. CEPII Working Papers, 2016.

[84] Manasse P. and A. Turrini. Trade, Wages, and "Superstars" [J]. Journal of International Economics, 2001, 54 (1): 97 – 117.

[85] Márquez – Ramos L., Martínez – Zarzoso I. and Suárez – Burguet C.. Trade Policy versus Trade Facilitation: An Application Using "Good Old" OLS [Z/OL]. Discussion Paper, http://www.economics-ejournal.org/economics/discussionpapers/2011-38, 2011.

[86] Martínez – Zarzoso I. and Márquez – Ramos L.. The Effect of Trade Facilitation on Sectoral Trade [J/OL]. The B. E. Journal of Economic Analysis & Policy,

2008, 8 (1) (Topics), Article 42. Available at: http://www.bepress.com/bejeap/vol8/iss1/art42.

[87] Maskus K. E. and J. S. Wilson. Quantifying the Impact of Technical Barriers to Trade: Can It Be Done? [M]. Ann Arbor, Michigan: University of Michigan Press, 2001.

[88] Maskus K. E., T. Otsuki and J. S. Wilson. The Cost of Compliance with Product Standards for Firms in Developing Countries: An Econometric Study [R]. World Bank Policy Research Working Paper, 2005.

[89] Mayer T., Melitz M. J. and Ottaviano G. I. P.. Market Size, Competition, and the Product Mix of Exporters [R]. Nber Working Paper, 2009.

[90] Medin H.. Firms' Export Decisions—Fixed Trade Costs and the Size of the Export Market [J]. Journal of International Economics, 2003, 61 (1): 225 – 241.

[91] Melitz M. J.. The Impact of Trade on Intra – Industry Reallocations and Aggregate Industry Productivity [J]. Econometrica, 2003, 71 (6): 1695 – 1725.

[92] Melitz M. J. and Ottaviano G. I. P.. Market Size, Trade, and Productivity [J]. Review of Economic Studies, 2008, 75 (1): 295 – 316.

[93] Milner C., Morrissey O. and Zgovu E.. Trade Facilitation in Developing Countries [R]. Credit Research Paper, Centre for Research in Economic Development and International Trade, University of Nottingham., 2008 – 08 – 05.

[94] Nordas E. P., Pinali E. and Grosso N. G.. Logistics and Time as a Trade Barrier [R]. OECD Trade Policy Working Papers, OECD Trade Directorate, 2006: 35.

[95] Novy. D.. Gravity Redux: Measuring International Trade Costs with Panel Data [R]. Warwick University Working Paper, 2008.

[96] OECD. Quantitative Assessment of the Benefits of Trade Facilitation [M]. TD/TC/WP31, OECD, Paris, 2003.

[97] OECD. The Economic Impact of Trade Facilitation, OECD Trade Directorate [M]. Paris: (TD/TC/WP/ (2006) 21/FINAL), 2005.

[98] Persson M.. Trade Facilitation and the Extensive and Intensive Margins of Trade [R/OL]. Lund University, Working Paper, http://www.techrepublic.com/resource – library/whitepapers/trade – facilitation – and – the – extensive – and – intensive – margins – of – trade/, 2008.

[99] Portugal – Perez A. and Wilson J. S.. Export Performance and Trade Facilitation Reform: Hard and Soft Infrastructure [R]. World Bank Policy Research Working Paper, 2010: 5261.

[100] Rauch J. E.. Networks versus Markets in International Trade [J]. Journal of International Economics, 1999, 48 (1): 7 – 35.

[101] Raus M., Flügge B., Boutellier R.. Electronic Customs Innovation: An Improvement of Governmental Infrastructures [J]. Government Information Quarterly, 2009, 26 (2): 246 – 256.

[102] Redding S. and Schott P. K.. Distance, Skill Deepening and Development: Will Peripheral Countries Ever Get Rich? [J]. Journal of Development Economics, 2004, 72 (2): 515 – 541.

[103] Roberts M. J. and Tybout J. R.. The Decision to Export in Colombia: An Empirical Model of Entry with Sunk Costs [J]. American Economic Review, 1997, 87 (4): 545 – 564.

[104] Rogers E. M.. Diffusion of Innovations (1th ed.) [M]. New York: Free Press, 1962.

[105] Rogers E. M.. Diffusion of Innovations (5th ed.) [M]. New York: The Free Press, 2003.

[106] Romer P.. New Goods, Old Theory, and the Welfare Costs of Trade Restrictions [J]. Journal of Development Economics, XLIII 1994, 43: 5 – 38.

[107] Saarenketo S., Puumalainen K., Kylaheiko K., Kuivalainen O.. Linking Knowledge and Internationalization in Small and Mediumsized Enterprises in the ICT Sector [J]. Technovation, 2008, 28 (9): 591 – 601.

[108] Shepherd B., Wilson J. S.. Trade Facilitation in ASEAN Member Countries: Measuring Progress and Assessing Priorities [J]. Journal of Asian Economics, 2009, 20 (4): 367 – 383.

[109] Soloaga I., Wilson J. S. and Mejia A.. Moving Forward Faster: Trade Facilitation Reform and Mexican Competitiveness [R]. World Bank Policy Research Working Paper, 2006.

[110] Subramanian U., Matthijs M.. Can Sub – Saharan Africa Leap into Global Network Trade? [R]. World Bank Policy Research Working Paper, 2007.

[111] Trabold H.. Integration, Trade Costs and the Export Behaviour of Firms: Empirical Evidence on the Venables Model [J]. Weltwirtschaftliches Archiv, 1998, 134 (1): 133 – 139.

[112] Trefler D.. The Case of the Missing Trade and Other Mysteries [J]. American Economic Review, 1995, 85 (5): 1029 – 1046.

[113] UNCTAD. E – Commerce and Development Report [R]. UNCTAD: Geneva, 2001.

[114] Venables A. J.. Integration and the Export Behaviour of Firms – Trade Costs, Trade Volume and Welfare [J]. Weltwirtschaftliches Archiv, 1994 (130): 118 – 132.

[115] Wille P. and Redden J.. A Comparative Analysis of Trade Facilitation in Selected Regional and Bilateral Trade Agreements and Initiatives, ESCAP (Ed.), Trade Facilitation Beyond the Multilateral Trade Negotiations: Regional Practices, Customs Valuation and other Emerging Issues—A Study by the Asia – Pacific Research and Training Network on Trade [M]. United Nations, New York, 2007.

[116] Wille P., Redden J., Findlay C. Stoler A., and Pomfret R.. A Comparative Analysis of Trade Facilitation in Selected Regional and Bilateral Trade Agreement [R]. Asia – Pacific Research and Training Network on Trade Working Paper Series, 2006: 17.

[117] William J., Luddy J.. International Single Window Development [Z]. ASEAN Legal and Regulatory Working Group, 2008.

[118] Wilson J. S., Catherine L. M. and Tsunehiro O.. Trade Facilitation and Economic Development: A New Approach to Quantifying the Impact [J]. The World Bank Economic Review, 2003, 17 (3): 367 – 389.

[119] Wilson J. S., Mann C. L. and Otsuki T.. Assessing the Benefits of Trade Facilitation: A Global Perspective [J]. World Economy, 2005, 28 (6): 841 – 871.

[120] WTO. What is Trade Facilitation? [EB/OL]. http://www.wto.org/english/thewto_e/whatis_e/eol/e/wto02/wto2_69.htm#note2, 2003.

[121] Yeaple S. R.. A Simple Model of Firm Heterogeneity, International Trade, and Wages [J]. Journal of International Economics, 2005, 65 (1): 1 – 20.

[122] 陈勇兵,陈宇媚,周世民. 贸易成本、企业出口动态与出口增长的二

元边际——基于中国出口企业微观数据：2000~2005 [J]. 经济学（季刊），2012 (4).

[123] 陈勇兵, 孙方. 国际分散化生产导致了扩展边际增长吗？——来自中国出口产品层面的证据 [J]. 中南财经政法大学学报, 2011 (3).

[124] 范里安. 微观经济学：现代观点（第六版）[M]. 上海：上海人民出版社, 2006.

[125] 黄先海, 周俊子. 中国出口广化中的地理广化、产品广化及其结构优化 [J]. 管理世界, 2011 (10).

[126] 叫婷婷, 赵永亮. 我国出口企业集聚与贸易二元扩张 [J]. 产业经济研究, 2013 (1).

[127] 孔庆峰, 董虹蔚. "一带一路" 国家的贸易便利化水平测算与贸易潜力研究 [J]. 国际贸易问题, 2015 (12).

[128] 李文韬. APEC贸易投资便利化合作进展评估与中国的策略选择 [J]. 亚太经济, 2011 (4).

[129] 鲁晓东, 赵奇伟. 中国的出口潜力及其影响因素——基于随机前沿引力模型的估计 [J]. 数量经济技术经济研究, 2010 (10).

[130] 马涛, 刘仕国. 产品内分工下中国进口结构与增长的二元边际——基于引力模型的动态面板数据分析 [J]. 南开经济研究, 2010 (4).

[131] 钱学峰, 陆丽娟, 黄云湖等. 中国贸易条件真的恶化了吗？——基于种类变化的再估计 [J]. 管理世界, 2010 (7).

[132] 钱学锋, 梁琦. 测度中国与G-7的双边贸易成本 [J]. 数量经济技术经济研究, 2008 (2).

[133] 钱学锋, 熊平. 中国出口增长的二元边际及其因素决定 [J]. 经济研究, 2010 (1).

[134] 钱学锋, 余弋. 出口市场多元化是一项好的战略吗？[C]. 中国经济学年会讨论稿, 2012.

[135] 钱学锋. 企业异质性、贸易成本与中国出口增长的二元边际 [J]. 管理世界, 2008 (9).

[136] 强永昌, 龚向明. 出口多样化一定能减弱出口波动吗——基于经济发展阶段和贸易政策的效应分析 [J]. 国际贸易问题, 2011 (1).

[137] 邵军. 中国出口贸易联系持续期及影响因素分析——出口贸易稳定发

展的新视角[J]. 管理世界, 2011 (6).

[138] 盛丹, 包群, 王永进. 基础设施对中国企业出口行为的影响: "集约边际"还是"扩展边际[J]. 世界经济, 2011 (1).

[139] 施炳展, 李坤望. 中国靠什么实现了对美国出口的迅速增长——基于产品广度产品价格和产品数量的分解[J]. 世界经济研究, 2009 (4).

[140] 施炳展. 我国与主要贸易伙伴的贸易成本测定——基于改进的引力模型[J]. 国际贸易问题, 2008 (11).

[141] 施炳展. 中国出口增长的三元边际[J]. 经济学 (季刊), 2010, 9 (4).

[142] 孙方. 国际分散化生产、贸易成本与出口增长的扩展边际——基于1996~2005年中国出口产品层面的微观数据[J]. 中南财经政法大学研究生学报, 2011 (2).

[143] 孙俊新. 沉没成本对企业出口决策的影响[J]. 山西财经大学学报, 2013, 35 (4).

[144] 孙林, 倪卡卡. 东盟贸易便利化对中国农产品出口影响及国际比较——基于面板数据模型的实证分析[J]. 国际贸易问题, 2013 (4).

[145] 孙林, 徐旭霏. 东盟贸易便利化对中国制造业产品出口影响的实证分析[J]. 国际贸易问题, 2011 (8).

[146] 王玉婧, 张宏武. 贸易便利化的正面效应及对环境的双重影响[J]. 现代财经, 2007, 27 (206).

[147] 徐蕾, 尹翔硕. 贸易成本视角的中国出口企业"生产率悖论"解释[J]. 国际商务 (对外经济贸易大学学报), 2012 (3).

[148] 徐颖君. 中国出口贸易能稳定增长吗——关于出口集中度和比较优势的实证分析[J]. 世界经济研究, 2006 (8).

[149] 许德友, 梁琦. 中国对外双边贸易成本的测度与分析: 1981~2007年[J]. 数量经济技术经济研究, 2010 (1).

[150] 许统生, 陈瑾, 薛智韵. 中国制造业贸易成本的测度[J]. 中国工业经济, 2008 (7).

[151] 易靖韬. 企业异质性、市场进入成本、技术溢出效应与出口参与决定[J]. 经济研究, 2009 (9).

[152] 殷宝庆, 肖文, 刘洋. 贸易便利化影响了出口技术复杂度吗——基于

2002~2014年省级面板样本的检验［J］．科学学与科学技术管理，2016，37（12）．

［153］于春海，张胜满．市场进入成本与我国出口企业生产率之谜［J］．中国人民大学学报，2013（2）．

［154］张鲁青．贸易便利化：我国的机遇和挑战［J］．商场现代化，2009（565）．

［155］赵伟，陈文芝．沉没成本与出口滞后——分析中国出口持续高增长问题的新视角［J］．财贸经济，2007（10）．

［156］赵伟，赵金亮，韩媛媛．异质性、沉没成本与中国企业出口决定：来自中国微观企业的经验证据［J］．世界经济，2011（4）．

［157］赵永亮，Ayan．我国贸易扩张的源泉：外延边际与内延边际——多样性的度量与经济增长的贡献率［J］．国际贸易问题，2010（9）．

［158］赵永亮，阿彦．我国贸易多样性的收益分析和影响因素——基于内延边际与外延边际的考察［J］．数量经济技术经济研究，2011（7）．

［159］赵永亮，朱英杰．我国贸易多样性的影响因素和生产率增长——基于内延边际与外延边际的考察［J］．世界经济研究，2011（2）．

［160］周俊子．中国出口结构优化研究——基于出口深化和出口广化的视角［D］．浙江大学博士学位论文，2011．

［161］朱希伟，金祥荣，罗德明．国内市场分割与中国的出口贸易扩张［J］．经济研究，2005（12）．

［162］宗毅君．出口二元边际对竞争优势的影响——基于中美1992~2009年微观贸易数据的实证研究［J］．国际经贸探索，2012，28（1）．

［163］邹宗森，张永亮，王秀玲．汇率变动、贸易结构与贸易福利［M］．北京：中国社会科学出版社，2019．

后 记

本书是在我博士论文的基础上修改完成的。多年前，当得知可以到山东大学读博时，感受的不是对即将开始的艰苦博士生活的担心，反而更多体会的是，又能重新回到自己的故乡学习、生活的那种踏实和满足。在经过家庭变故、感情挫折、事业不顺的一系列打击后，最终能到山东大学读博，我将这归结为故乡对我的召唤，也正因如此，读博带给我更多的是新生的活力，而非对未来的恐惧。带着这份感情，我积极地投入到读博的学习生活中，并在一千多个日日夜夜中体会着博士论文写作的酸甜苦辣。当终于迎来了博士论文出版的日子时，心里除了对论文完成过程的诸多感慨以外，更多的是对在论文写作过程中来自老师、同学、朋友的帮助以及家人的理解、支持、感谢和感恩。

首先，我最想感谢的是我的导师孔庆峰教授。对孔老师，我的感激和感谢之情难以言表。多年前第一次见到孔老师，孔老师朴实、儒雅、和蔼可亲的形象就给我留下了深刻的印象。随着跟孔老师接触的深入，老师高尚的人格、渊博的学识、积极的生活态度以及对学生的爱护和关怀让我更加感受到自己能做孔老师的学生是多么荣幸。在跟随孔老师读书的这几年，老师的言传身教，我耳濡目染，受益匪浅。一是在为人处世方面，孔老师一直强调"踏实做人，认真做事，做事先做人"的道理，并认为，学会为人的道理是做学问的前提。鉴于此，在指导我博士论文的选题与写作中，孔老师一直强调论文选题、研究的大境界，不仅要做更有价值和意义的科学研究，也提醒我要一步一个脚印地，认真、踏实地写作。我铭记并秉承老师为人处世的理念，在完成博士论文的整个过程中我时刻提醒自己要戒骄戒躁，踏踏实实地做人做事，并尽量做对经济和社会发展更有意义的研究，而老师教给我的这些不仅对我论文的选题和写作有了高屋建瓴的方向性指导,也对我未来的工作和生活起到了不可磨灭的深远影响,未来无论我走到哪里,做何种工作,老师为人处世的教诲都会是我一生的宝贵财富。二是在学问科研方面,孔老师认真、执着的治学态度和精益求精、孜孜不倦的耕耘精神深深地影响着我。记得刚入学见孔老师的第一面,老师就提醒我们读博一定要做好吃苦的准备,平均每天花在科研上的时间要不低于12小时。孔老师对我们提这样的要求是与他几十年如一日对科研工作认真执着所形成的习惯分不开的。只要老师不出差,几乎每天都可以看到孔老师在办公室忙碌到很晚的身影。除此之外,在我论文写作过程中,从选题到论文提纲的确定,以至论文每一部分的写作,无不倾注了老师的心血,这些心血体现在对我论文题目的反复斟酌,体现在对论文提纲的一轮又一轮的修改,体现在对论文内容一字一句的细致推敲。三是在生活方面,孔老师积极乐观的生活态度、对健康向上生活方式的追求同样是我学习的楷模。老师一直强调做科研要苦中作乐、要劳逸结合、要坚持自己的选择。正因为受老师的这些影响,我才能在艰苦的论文写作过程中,努力克服一个个难题,不断找到写作的乐趣,并能在原本枯燥单一的读博生活中仍能体会到生活的五彩斑斓。四是孔老师对学生毫无保留的无私爱护与关怀备至,让我很感动,发誓以后也要做一名像孔老师这样具有高尚品德、深受学生爱戴的好老师。感谢孔老师,正因为您的支持和帮助才能使我顺利完成自己的学业,才能战胜困境,勇敢面对未来的工作和生活,这一切我都将铭记于心,师恩难忘!感谢师母杨文丽,感谢您对孔老师工作的支持,感谢您对我的关怀和帮助!

其次,感谢导师组对我的培养以及在开题和预答辩过程中给我提出的中肯且有建设性的意见。感谢范爱军教授对我的教育和帮助。范老师一直是我敬佩并爱戴的老师,他对工作和生活的运筹帷幄、合理安排每每让我们赞叹不已。第一次听范老师讲课就给我留下了极深的印象,感觉他的课总能让我们浮躁的心踏实下来,让我们明白做学问既要有扎实的基本功,又要有不急不躁的良好心态和持之以恒的不懈追求。感谢张宏教授的教导,温柔可亲的张老师在工作和生活上也一直是我学习的目标和榜样。在张老师讲的"跨国公司专题及前沿讲座"课上,我收获颇多,弥补了以往对跨国公司理论方面的知识缺陷和不足,也让我进一步领会了做研究的真谛。感谢李长英院长、张乃丽教授在论文开题和预答辩过程中所提出的中肯意见,感谢张丽娟教授、綦建红教授在论文预答辩过程中给出的宝贵意见,你们的意见对我及时纠正论文写作的偏差和失误起了非常关键的作用,非常感谢!另外,还要感谢刘国亮教授、孙曰瑶教授、任艳艳教授、陈强教授、

后　记

乔岳教授、秦凤鸣教授、王永副教授、梁树新副教授、王美玲副教授、唐明哲老师、黄继磊老师对我的教育和培养。感谢李伟林书记、辅导员王永军博士、研究生办公室吕民老师的帮助和关怀，感谢你们！

再次，感谢好友"小刘"——刘芳博士。多谢你在我最艰难的时刻给我的鼓励和帮助，让我最终走出人生低谷，开始面对新的生活。多谢蔡影妮、王昕坤、刘娜等好友一路上的帮助和陪伴。多谢读博期间的好友：经常被我"欺负"的"小英子"——张志英博士和"小滕"——滕传峰博士。三个贪吃美食的家伙总是有更多的话题和乐趣，因为有你们读博生活才更加绚烂多彩。感谢同门宋志涛博士、王冬博士、张左敏博士、王玲珑硕士、孙斐硕士、吉瑞鸿硕士、李敏硕士、亓蕊硕士等对我论文写作的帮助，有缘和这么优秀的你们在同一师门读书是我的荣幸。感谢中国人民大学的赵勇老师对我论文提出的中肯建议。感谢同学刘晓宁博士、幸伟博士、邓丽娜博士、吕冠珠博士、朱洁博士、李娟娟博士、袁文华博士等对我的帮助，跟你们每次的相聚和学术讨论总会让我受益颇多。

最后，感谢我的家人，尤其是我最感愧疚、已在天堂的父亲和坚强支撑起一个家的母亲。尽管父亲已过世多年，但每每想到我还没尽任何孝父亲就离开了我们，仍禁不住泪如雨下。本书我最想献给的第一个人就是拼尽一生都在为我们付出的父亲，希望您在天堂安好，我们一切都好。感谢我的母亲，感谢您的坚强，您在家就在，不要再哭泣，我们都已长大。感谢我的爱人，这些年对我的理解、支持、关心和呵护及带给我的踏实和幸福。感谢我的其他亲人，感谢你们在我求学、工作一路上的支持、理解和帮助，正是你们在背后的默默守护，才让我有力量和勇气战胜那么多的困难和艰难险阻，成长为一个更好的大人！

谨以此书，献给所有一路走来给我帮助的老师、同学、朋友、亲人，感谢你们！

张　凤